MANUAL PARA EL
Autoconocimiento
Y LA PAZ INTERIOR

Uriel Isaías Mendoza Valenzuela

ola
PUBLISHING
INTERNACIONAL

ISBN: 978-1-63765-067-7

Eugenio Sue 79, Int. 104, Colonia Polanco,
Ciudad de México, México 11550
México: 55-5250-8519
www.holapublishing.com

Impreso y encuadernado en los Estados Unidos de América

"Conócete a ti mismo y conocerás el Universo".
Sócrates

Índice

Introducción

En la antigua Grecia, Sócrates afirmaba que el autoconocimiento era el más poderoso e importante al cual acceder.
Quizás la idea sea de una simpleza engañosa porque fue
dicha hace más de 2, 400 años; sin embargo, actualmente se
cita con demasiada frecuencia sin comprenderla del todo y
sin hacerle caso. Una gran parte de las personas del mundo
deambula por la vida sin una pizca de idea de lo que hacen
en él y quiénes son. El resultado es una gran insatisfacción
por no entender ni aceptar lo que ocurre cotidianamente,
con la costumbre de proyectar en los demás las propias inseguridades, carencias y miedos, lo que constituye un círculo
vicioso; este es el ejemplo más claro del propio desconocimiento: al proyectar en los demás se vive en la ilusión, se le
alimenta y se fortalece al pelear defendiendo las creencias.

Si consideramos que los tiempos modernos son deman-
dantes, con muchas actividades por realizar, responsabilidades que cumplir, distracciones, proyectos y necesidades
reales e imaginarias, en el intento de cumplir con todo es muy
fácil perderse en el camino, lo que provoca que el autoconocimiento se retrase por no encontrar los tiempos disponibles
ni la disposición o motivación para hacerlo. Se cree que las
ilusiones son nuestra razón de ser; por ejemplo, si alguien
nace en una familia de carniceros creerá que ser carnicero es
su proyecto, sin darse la oportunidad de conocerse y des-

cubrir el proyecto que el Universo tiene para él; o si alguien anda enojándose al vivir los pequeños inconvenientes que la vida le presenta, quizás un resentimiento no le deja ser, en vez de ello, aparentemente, no es más que ira e impaciencia y así sólo se relaciona con los demás desde la ira y no desde su ser. Claro que la ira forma parte de él, pero no es lo único, hay en cada uno toda una gama de emociones, pero en ocasiones la ira es la predominante. Esto reduce la posibilidad de expresarse a las demás, con lo que se limita la interacción con otros y con uno mismo. Las emociones tienen la función de movernos de un lugar y son una magnífica herramienta para descubrir nuestro ser a partir de lo que no es. Es decir, uno no es solamente impaciencia e ira, es algo mucho más profundo, pero no se da la oportunidad de conocerse, la emoción quizás busca dar esa oportunidad invitando a moverse en otra dirección, posiblemente al autoconocimiento.

El presente libro es un intento de ayudar a todos aquellos que deseen conocerse a profundidad y que tengan la disposición de enfrentar sus propios límites para descubrir la grandeza implícita en el proyecto del Universo, del cual forman parte. Para ello se les guiará en el proceso, mismo que permitirá avanzar un poco en esa enorme tarea; es un recorrido a través de las diferentes dimensiones o componentes que le integran: intelectual, emocional, sexual, corporal y espiritual.

Cada una de esas dimensiones constituirá un capítulo, los cuales inician con una breve introducción que explica su importancia y la manera en que el atarnos a esa parte dificulta encontrar al ser: creer inconscientemente que somos eso que estamos experimentando. Posteriormente se plantean ejercicios para explorar cada aspecto, después una reflexión, un resumen y una sección de preguntas y respuestas, lo cual permitirá al lector responder algunas de las dudas que pudieran surgir en el momento; más adelante se presentan conclusiones que pretenden apoyar al lector a que integre el contenido del capítulo correspondiente. En el sexto capítulo se toma una de las historias contadas para mostrar el tema como ejemplo para ayudar a que el lector integre el contenido revisado en los diferentes aspectos del ser y se plantean conclusiones y sugerencias generales.

Espero que esto le permita profundizar un poco en su autoconocimiento. La división y separación de las dimensiones sólo es un recurso didáctico; en realidad el ser no está fragmentado, pero como dicen, un enorme misterio se conoce por partes, las cuales se analizan y luego se integran para reconocer su totalidad implícita; algo parecido a armar un rompecabezas que viene empacado en cinco cajas independientes, donde cada una constituye una pieza grande que debe ser armada por separado y al final se debe juntar todas para así ver la figura total, que corresponde a la suma de las partes. Esto solamente es una metáfora, porque nuestro ser rebasa los conceptos, formas y definiciones.

Espero que el libro le sea útil, de su interés y colabore un poco para reducir o eliminar las barreras conscientes e inconscientes que impiden el autoconocimiento y la paz interior.

Las barreras para el autoconocimiento

Algunas personas van por la vida sin detenerse a pensar sobre ellos mismos; tienden con frecuencia a actuar sin pensar, parecería que son dirigidos por sus necesidades y motivaciones inmediatas, así, cuando tienen sueño, duermen; si se aburren buscan algo en qué entretenerse; trabajan para cubrir sus necesidades; consiguen pareja para vivir acompañados, un techo, muebles; pero, ¿qué hay después de eso? ¿Eso es todo? Abrirse paso por la vida y conseguir algunas comodidades: ¿ese es el propósito de la vida? ¿Quién soy yo? ¿Qué hago aquí? ¿Cuál es mi propósito? Son preguntas difíciles de responder, en la medida en que se profundice en ellas iremos avanzando con más seguridad en el proceso de vivir.

Obviamente debemos reconocer las barreras para el autoconocimiento. ¿Cuánto tiempo dedicamos al día o a la semana a reflexionar sobre nuestro ser? ¿Cuánto analizamos? ¿En qué gastamos nuestro tiempo libre? ¿Lo usamos para prepararnos en alguna área de interés? ¿O solamente para distraernos? ¿Para mejorar nuestra salud? Te invito a que organices tu tiempo de mejor manera dando un espacio a la reflexión personal. Ahí se analizarán las actividades del día, reconoceremos nuestras emociones diarias, se te invitará a acercarte a las personas importantes para ti, como esposa(o), hijos, hijas, tus padres y todas aquellas que son significativas para ti; con la premisa de que es importante dedicarles tiempo y disfrutar el momento presente, porque la vida son momentos y la interacción con la familia es una de las prioridades. Por supuesto, el tiempo contigo mismo también lo es, entonces es necesario el equilibrio en ese proceso de vivir.

A veces el inconsciente nos empuja a culpar a los demás de lo que nos sucede, esto ocurre porque tenemos miedo de ver hacia adentro. Descubrir lo que necesitamos o lo que aún no hacemos puede resultar muy atemorizante, por eso tendemos a evitarlo. Evidentemente es más fácil culpar a otros de lo que nos sucede, pero esto es sólo un recurso inconsciente de una mente inmadura que se niega a crecer y a comportarse como un adulto responsable de sus propias acciones: por eso culpa a los demás de lo que ocurre. La aceptación es uno de los primeros pasos que debemos dar, así como aceptar la corresponsabilidad de lo que nos ocurre en la vida y empezar a ver las oportunidades de aprendizaje en los diferentes momentos y situaciones; ya sean desafortunados y dolorosos. Las experiencias siempre traen consigo oportunidades de aprendizaje y de mejora personal; en la medida en que aprendamos a usarlas como herramientas tenderán a repetirse menos, porque en la medida que se aprende, los errores ocurren con menos frecuencia; es como en la escuela: cuando se aprueba una materia ya no se necesita llevarla más, ya es una prueba superada, así que se sigue adelante.

La mayoría de las personas tenemos poco tiempo para la reflexión, andamos con prisa e impaciencia agobiante; diariamente llevados al límite por los medios de comunicación que nos muestran imágenes de modelos de ambos sexos con cuerpos perfectos, recordándonos que debemos cuidar la alimentación, hacer ejercicio para bajar de peso y tonificar el cuerpo; o por los anunciantes de vehículos que muestran el último modelo de algún auto que nos gustaría tener y que nos recuerda que el nuestro ya está viejo y que lo queremos cambiar. Así vamos diariamente, deseando tener otras cosas que a veces en el momento actual no podemos cambiar; eso nos pone de malas. El excesivo uso de las redes sociales también nos distrae; en ese sentido debemos tener claridad en lo que queremos en la vida, clarificar valores, prioridades y enfocarnos en ello, no dejarnos distraer por las cosas de este mundo que nos pueden sacar del camino fácilmente. Es importante darle su lugar al ser en lugar del tener, sólo así podremos vivir en paz, en armonía y aceptación; organicemos nuestra agenda de manera que podamos priorizar el conocimiento del ser en lugar de todas las distracciones que pudieran estar ocupando actualmente nuestro limitado tiempo libre.

Algunos de los beneficios de conocerse a uno mismo:

Reconocer las actividades que realmente se disfrutan.

Mejorar la autoestima.

Enfrentar los retos y demandas de la vida con mejor actitud.

Tener claridad en las metas propias y el proyecto de vida.

Organizar y aprovechar mejor el tiempo, las propias capacidades y los talentos.

Condiciones para el autoconocimiento:

Tener disposición. Esto implica abrir la mente para la posibilidad de ser honesto contigo mismo, dejar de mentirte y de justificarte. Lo anterior constituye la trampa que al cerrarse impide el propio conocimiento al defender la proyección y evitar cualquier posibilidad de cambio en la percepción de la realidad.

Hacerse responsable de las propias emociones y sentimientos. Esto implica que no culpes a nadie de lo que te pasa. Acepta que de alguna u otra manera fuiste responsable de lo que te ocurrió; detrás de lo que te molesta puede haber un deseo inconsciente, al conocerlo lo haces consciente y pierde su poder sobre ti, mientras lo niegues te dominará.

Ser valiente. Asomarse a su oscuridad requiere valentía; porque ahí se encuentra lo que no reconoces y niegas de ti, eso hace que requieras un poco de valor para hacerlo y estar dispuesto a reconocer, aceptar tus debilidades, temores y proyecciones.

Dejar de distraerte. Usar cualquier tipo de droga o dedicar horas para ver series solamente te distrae, en un afán de evitar enfrentar los problemas reales de tu vida. Conforme pasan los días, meses y años, éstos se hacen más grandes y difíciles de manejar; debes romper con tu patrón de comportamiento arraigado en la evitación.

Practicar meditación. Esto te ayuda a tranquilizarte, al hacerlo tu cuerpo empieza a funcionar de manera relajada y recupera la homeostasis, la cual es necesaria para un mejor funcionamiento de todos los órganos y sistemas del cuerpo. Es más fácil conocerse a sí mismo a través de la calma. Alejarse del centro por los altibajos emocionales te aleja del ser, la meditación te ayuda a volver a encontrarte.

A continuación se presenta un cuadro comparativo donde se describe la importancia del autoconocimiento y cómo comenzar la transición mediante la auto indagación, para ello se sugieren preguntas que pueden servir como punto de partida para cuestionar las propias creencias y ampliar un poco la forma de ver y entender la realidad. Lo importante no son las respuestas que puedas darte en este momento, sino permitir el diálogo entre el observador y el que vive la experiencia, el proceso en que la consciencia se reconoce a sí misma por medio de lo que no es. Este cuadro te permitirá un acercamiento a la idea del texto, no te preocupes si no entiendes algunas de las cosas que plantea, probablemente más tarde lo hagas. Regálate la oportunidad de entrar al sendero del autoconocimiento y la paz interior.

PERSONA QUE NO SE CONOCE A SÍ MISMO	PREGUNTAS PARA TRANSITAR AL AUTOCONOCIMIENTO	PERSONA QUE, SÍ SE CONOCE, O ESTÁ EN PROCESO
Culpa a los demás de lo que le pasa, es una víctima de las personas y de las situaciones.	Esto que me pasa, ¿qué tiene que ver conmigo? ¿Qué parte desconocida de mí mismo estoy viendo en esa persona que me molesta tanto? ¿Qué me está queriendo mostrar? ¿Qué debería aprender de esta situación?	Entiende que todas las situaciones están relacionadas de alguna manera con él. Cuando le sucede algo desagradable analiza lo que está pasando en su vida para detectar algún conflicto sin resolver y ubica lo que puede aprender de la situación, aprovechándola para ampliar la consciencia.
Se siente superior o inferior a los demás, por su origen social, por su profesión, por su apariencia o por su sexo.	¿Puedo ver esto de otra manera? ¿Qué pasara si lo intento de otro modo? ¿Para qué me comparo con los demás? ¿Qué sentido tiene compararme si al hacerlo me siento vanidoso o amargado?	Sabe que nadie está por encima o por debajo de nadie más, que todos somos iguales en esencia, aparentemente llenos de defectos y virtudes. Cada uno, desde su posición, puede aprovechar su experiencia para el aprendizaje y crecimiento personal.
Esta resentido con la vida, con las personas que lo lastimaron y se niega a perdonar. Se siente traicionado; no puede confiar en nadie más.	¿Vale la pena este enojo que me daña la salud? ¿Puedo ver esto de otro modo? ¿Qué debo aprender y trascender en esta experiencia? ¿De qué manera me daña mi resentimiento y para qué lo hago?	Entiende que la vida le ha dado experiencias significativas y aprende de cada una; acepta la contradicción en sus creencias porque comprende que es necesaria para la paz interior. Gradualmente se da cuenta, mediante la comprensión, de que no hay nada que perdonar, que todo es ilusión.
Cree que su forma de ver la vida es la única válida, que quien no piense como el está equivocado y no merece la pena tomarlo en cuenta ni escucharlo.	¿Y si mi forma de ver las cosas me mantiene en esta repetición de situaciones difíciles? ¿Y si intento de otra manera? ¿Qué debo perdonar en esta situación?	Entiende y acepta que cada persona tiene una idea del mundo, que dicha creencia refleja su nivel de consciencia, mismo que puede cambiar de acuerdo con las experiencias de vida. Evita fortalecer y dar realidad a la ilusión que viven las personas.
Trata de evitar las emociones y sensaciones desagradables, refugiándose en alguna adicción que le permita distraerse y olvidarse por un momento de sus problemas.	¿Por qué el miedo a enfrentar mis temores? ¿A qué le tengo miedo realmente?	Enfrenta las situaciones difíciles con la actitud y el deseo de conocer su interior a profundidad; confronta sus miedos e inseguridades, al hacerlo los trasciende poco a poco. Conforme se reconoce permite, naturalmente, la corrección de los errores de percepción que creía que eran problemas, cuando en realidad eran oportunidades.

Trata de asustar y manipular a los demás, haciendo uso de la violencia, la agresividad o el chantaje.	¿Para qué me gusta infundir temor? ¿Qué me gano asustando o manipulando a las personas que me rodean? ¿Qué quiero evitar con esta conducta?	Evita la manipulación y el uso de la violencia en cualquiera de sus formas, promueve el diálogo, la negociación y la toma de acuerdos consensuados. Actúa desde el amor no desde el miedo.
Está lleno de ira y de un deseo de venganza; disfruta viendo que la persona que le hizo algún daño sufra inconvenientes, esto le da un poco de felicidad. Cree que de esta manera se logra un equilibrio, que si alguien cometió un error debe pagar por ello.	¿Es saludable que disfrute viendo que les va mal a mis enemigos? ¿Es esta alegría por el dolor de mi enemigo un síntoma de que necesito perdonarme de algo? ¿No se supone que debería alegrarme por su bienestar? ¿Qué es lo que yo no puedo perdonar de mí mismo? ¿Qué error de juicio no me permite verlo como mi propio espejo? ¿Por qué no me permito estar en paz?	Entiende que para estar en paz debe perdonar y aprender de las situaciones que vivió. Toma lo mejor de cada persona y situación para su aprendizaje y seguir con su vida, cerrando los ciclos que ya no le dan alegría de vivir y han concluido, como una relación, una posición social o una situación laboral. Agradece al Universo la oportunidad que se le dio de vivir una experiencia, reconoce el dolor que le causa, pero como una ilusión: no importa lo real que se sienta, es parte de un sueño, de un programa inconsciente; bendice la situación y así la trasciende.
Cree firmemente que solamente es un cuerpo, la única realidad que reconoce es la que puede percibir con sus sentidos. Vive en un sueño programado por sus ancestros y lo que le enseñaron sus padres y su cultura. En ocasiones el sueño es tranquilo, cuando las cosas van bien; en otras es una pesadilla, y así va de la agonía al éxtasis conforme al guion del sueño, dándole realidad a lo que percibe.	¿Soy solamente un cuerpo? ¿Percibo realmente las cosas como son? ¿Qué creencia mía está evitando que se exprese en la realidad lo que realmente deseo? ¿Qué debo cambiar para ello?	Entiende que es un cuerpo y también un espíritu, que tiene necesidades del mundo dual, el cual conforma la realidad que percibe con sus sentidos. Todo lo observa como si fuese una película donde lo que ocurre está escrito en un guion y actuado por actores que representan a los personajes. Sabe que las necesidades del mundo material son importantes para subsistir, pero no toma a manera personal lo que le pasa, porque entiende que no debe otorgarle realidad a la ilusión. Reconoce que es algo que no puede ser dañado, ni puede estar en peligro, porque entiende que es algo más grande de lo que él puede percibir con sus sentidos: una creación de Dios, un proyecto del Universo, el cual no desaparecerá con su muerte, sólo será transformado. Eso le aporta una confianza que lo ayuda a ir seguro por la vida.
Cuando es cuestionado sobre sus creencias se molesta, pues cree que están poniéndolo en duda a	¿Quiero tener la razón o ser feliz? ¿Qué pierdo con intentar ver esto de otra manera?	Acepta cuestionarse la realidad, pone en duda sus creencias y se alegra cuando alguien lo cuestiona, pues le está ayudando a ver más allá

él y a su esencia, cuando solamente están pidiéndole que analice sus programas inconscientes, que defiende sin pensar si son reales, si son suyos o si le están quitando la paz, la salud y la alegría de vivir.		de los programas inconscientes que lo hipnotizan y no le permiten ser feliz. Entiende que debe dejar de proyectar su mundo interior en el exterior y culparlo por mostrarles sus propios pendientes, incongruencias y conflictos inconscientes; al hacerlo empieza a crear su realidad conscientemente y a reconciliarse consigo mismo y con su entorno.
Vive con temor, pues piensa que está separado, que está solo en un mundo frío, cruel, insensible y egoísta, en donde no debe confiar en nadie, porque al hacerlo probablemente sufrirá un daño importante e irreparable por permitirse ser vulnerable y confiar en alguien. Esto lo mantiene solo y temeroso.	¿Vale la pena estar solo y lleno de temor? ¿A qué le tengo miedo? ¿Para qué vivo este sueño de miedo y soledad? ¿Qué puedo cambiar para no sentirme solo? ¿Cómo empezar a desprenderme de mi soledad?	Sabe que pertenece a un mundo espiritual que lo contiene todo, el cual sostiene la vida, una consciencia total que lo sustenta a él y a todos los seres vivos. Acepta confiar en esa inteligencia abundante que le da lo que necesita y le permite crear su realidad a partir de la consciencia y aceptación de ese mundo. Acepta que hay cosas que no le gustan, pero comprende que en este momento no puede entenderlas y se da cuenta de que no puede juzgarlo como malas, porque sabe que no tiene la información para entenderlas de momento. Confía en el juicio de la inteligencia creadora que se expresa a través del mundo.
Cree en la necesidad de establecer relaciones especiales en donde depositar sus necesidades emocionales y afectivas. Hace lo posible por lograr que una persona permanezca a su lado, una vez que lo logra está en constante temor de que lo abandone y está dispuesto a hacer sacrificios con tal de mantenerla a su lado para siempre, pues no puede permitirse perderla en un mundo de carencia e infelicidad.	¿Debo sacrificarme por amor? ¿Qué sentido tiene querer estar con una persona con la que ya no quiero estar y que tampoco quiere estar conmigo? ¿Cómo hago para santificar mis relaciones? ¿Estoy usando mi sacrificio para ocultar mi miedo a vivir? ¿Por qué no quiero o no puedo ver mi santidad en mis hermanos? ¿De qué me siento culpable? ¿Qué necesito perdonar de mí mismo? ¿Cómo puedo ver esto de otra manera?	Acepta que este mundo está en constante cambio, que las relaciones no deben ser especiales, sino santas. Para ello, las entrega al espíritu santo, el cual sustenta todo; éste lo guía con sabiduría para conciliar el mundo material y espiritual, dando a cada uno su lugar e importancia, confiando en esa inteligencia que sostiene la vida en ambos mundos: material y espiritual. Santifica las relaciones y acepta fluir con ellas, no busca hacer su voluntad, sino esperar que las cosas ocurran para un bien superior, el cual puede gustarle o no, pero acepta lo que ocurra con la confianza de que esa inteligencia puede resolverlo de una mejor manera para todos.

El intelecto

Existe una tendencia de pensar que el mundo es como lo vemos a través de nuestros sentidos y como lo interpretamos a partir de nuestra mente y cultura. En realidad hemos heredado una forma de verlo y entenderlo de nuestros padres y ancestros. A través de la interacción con ellos aprendimos casi todo lo que sabemos; si tuvimos la oportunidad de estudiar ampliamos un poco nuestra visión de las cosas, porque hubo contacto con otras corrientes de pensamiento; si viajamos ahí tenemos otra oportunidad. Así, nuestro campo de visión se va extendiendo, aunque no es nada sencillo convivir con personas que piensan y actúan distinto a nosotros; es por eso que el área intelectual es importante, porque actualmente estamos obligados a convivir en la interculturalidad, todos con los mismos derechos y obligaciones ante la ley.

El siglo XX trajo consigo una serie de cambios, como la globalización y el internet, de modo que las fronteras gradualmente se diluyeron. Esto dio lugar a una gran mezcla de personas que se comunican entre sí, con lo cual se ocasionan conflictos que trastocan la vida diaria de las personas, incluso en los lugares más apartados del planeta. Las relaciones de las personas son más inestables que nunca, los matrimonios se deshacen rápidamente y los hijos crecen en lugares con demasiados conflictos, sin una red adecuada de apoyo y soporte emocional.

En este contexto de conflicto, incertidumbre y dificultades de todo tipo, las personas debemos renovarnos por dentro, entendernos, aceptarnos, tolerarnos y amarnos unas a otras; algunos de los aspectos básicos para lograrlo son nuestro intelecto, poner nuestras creencias a la luz, analizarlas y hacerlas conscientes, con el ánimo de mejorar nuestras relaciones con nosotros mismos y los demás.

El intelecto es una parte muy importante porque la mente es una especie de centro de control que nos permite percibir e interpretar la realidad mediante procesos como prestar atención, que permite enfocarnos en ciertos aspectos del entorno; estar alerta ante situaciones concretas, pensar en imágenes que sólo están en nuestra mente gracias a la imaginación; almacenar recuerdos y estar en el presente debido a la memoria; la capacidad de pensar, que nos distingue de los animales que actúan por instinto, y la afectividad, que nos permite sensaciones y emociones que nos mueven para acercarnos a situaciones o personas agradables y nos alejan del peligro o lo desagradable y tóxico. Todas estas funciones nos permiten operar y aprender en el ambiente en que nos encontremos. Sin embargo, pese a todas esas funciones, el intelecto también tiene su inconveniente cuando intelectualizamos o justificamos conductas o actos que nos generan conflicto o miedo para enfrentar una situación.

Al analizar la descripción de las funciones que realizamos de forma autónoma e inconsciente con la mente, es posible imaginar que cada uno de nosotros tiene la posibilidad de construirse una realidad desde la percepción, historia personal, lo que hemos aprendido en nuestra experiencia y de observar los modelos cercanos que nos muestran cómo se interpretan, se enfrentan y solucionan los conflictos en el medio en que uno vive. Esto nos permite interpretar que si intentamos evitar el enfrentar la realidad es porque nuestra mente la percibe como muy amenazante, peligrosa y difícil de resolver, entonces decidimos justificar inconscientemente lo que hacemos o no. Por ejemplo, un adolescente que participa en un acto de vandalismo o violencia en una pandilla; si alguien lo cuestiona por haberlo hecho puede tranquilamente decir: "Es que respaldo a mi barrio y mi barrio me apoya, a donde vayan yo voy, es mi familia". Ese joven pone a la pandilla en primer término en sus prioridades y no cuestiona lo que hace, la pertenencia a ese grupo es primordial, las consecuencias de lo que hace no parecen importante para él, porque aparentemente se perciben aparte del resto de la sociedad. Su comunidad es la que defienden y a la que se entregan, estos son los riesgos de que no incluyamos a todos en la sociedad. Estos individuos relegados tienden a agruparse entre sí, situación que, de no atenderse oportunamente, se puede convertir en un problema social.

Toda persona es propensa a engañarse a sí misma en la percepción de la realidad, pero los niños y jóvenes son todavía más vulnerables al ser inexpertos en la mayoría de los asuntos de solución de conflictos sin violencia, por ello es necesario capacitarnos en ese sentido ante la confusión y conflicto actual en la sociedad. Necesitamos líderes influyentes que pongan el ejemplo de la sana convivencia.

Para ayudarle en el autoconocimiento iniciaremos revisando las propias actividades que realizamos durante el día, las cuales tienen como fondo componentes conscientes e inconscientes que están en nuestra mente y no ponemos atención en ello. Así, probablemente se dará cuenta que de repente se enfrasca en actividades que no le aportan nada positivo, sin saber por qué sigue realizándolas. Posteriormente revisaremos las creencias que constituyen programas inconscientes que dirigen nuestras vidas para conocer un poco mejor las programaciones que limitan, en ocasiones, los logros que podemos alcanzar implementando pequeños cambios.

Identificar las actividades que realmente disfrutas

Cuando somos capaces de disfrutar realmente una actividad, el tiempo pasa sin sentirlo. Existe una conexión especial entre nosotros y lo que hacemos, de forma que ocurre naturalmente una fluidez que provoca que los resultados de ello se magnifiquen. Somos capaces de logros altamente significativos. Por ejemplo, una madre que pasa tiempo de calidad con sus hijos obtiene una sensación de bienestar maravilloso que provoca en ellos una enorme sensación de disfrute, a quienes les aporta alegría, sentido de pertenencia y de conexión con la vida; esta es la importancia de que encontremos espacio para esas actividades, ya que nos permiten desarrollar nuestro potencial y el de las personas que nos rodean, dando lo mejor de cada quien y aprovechando el tiempo en actividades que realmente son valiosas.

Algunos factores obstaculizan la disposición para identificar y realizar tales actividades; uno es la falta de autoconocimiento, si pretendemos lograr la aceptación de nuestros padres o de algún adulto que percibimos como importante, y este no aprueba lo que nos gusta, probablemente nos desanime para hacerlo por no defraudarlo o no responder a sus expectativas. También puede ocurrir lo contrario: que lo hagamos por rebeldía, esto puede ser una causa de conflicto en la familia. Así, la actividad que pudiera ser fuente de bienestar y desarrollo personal provoca distanciamiento en los integrantes de la familia.

Una historia donde el hijo obedece a su padre en la elección de profesión

Luis es un adolescente que crece en una familia donde no hay músicos, solamente gente que se dedica a trabajar. Él siente un gran gusto por tocar la guitarra, pero sus padres siempre lo critican por ello y le sugieren que mejor haga alguna actividad de provecho siempre que lo ven tocando, aunado también a que a Luis le falta seguridad personal y autoestima; termina abandonando la actividad por el dolor de sentirse criticado y no encontrarle sentido. Tal vez él no sea un gran músico, pero el gusto por una actividad debería desarrollarse. Luis se hace adulto, estudia la profesión que su padre quería y es profundamente infeliz en su ejercicio profesional. Tal vez ésta no es tan mala, pero como él no la aprecia y se siente obligado a dedicarse a ello, el solo hecho de ser algo impuesto le impide ver los aspectos positivos, lo que aporta con ello a la sociedad y a sí mismo. Quizás por la molestia con su padre, su profesión y consigo mismo, Luis no se permite ser feliz. Al negarse esa oportunidad también se la niega a las personas que diariamente conviven con él.

¿Qué relación tiene esto con lo intelectual? Luis es un ejemplo de lo que sucede cuando intelectualmente se acepta dedicarse a alguna profesión pero no es lo que se hubiese querido: no lo hace desde el corazón, se siente infeliz, siente que dedica su vida a hacer algo que no quiere, pero como no tiene los recursos, ni el conocimiento de lo que desea hacer, se siente atrapado en un callejón sin salida; no puede abandonar y tampoco disfrutar de lo que hace. ¿Qué procede en este caso con Luis? ¿Qué es lo mejor que puede hacer? Desafortunadamente hay consecuencias para las acciones, si deja de trabajar en lo que hace no podrá pagar los costos de mantenerse a sí mismo y a su familia, por lo que deberá ser cauto en sus decisiones; además de que no sabe qué es lo que quiere hacer, hace mucho que abandonó la música y realmente no sabe a qué dedicarse. Varios años después de elegir y practicar su profesión, casado, con dos hijos pequeños y la hipoteca de su casa, probablemente la mejor decisión es continuar en su trabajo un tiempo en lo que encuentra la actividad que desea realizar, una más adecuada para él. Mientras tanto puede enfocarse en los aspectos positivos de su trabajo o desarrollar habilidades en su campo de acción que le permitan desarrollarse mejor en el mismo. Con el tiempo puede ser que aprenda a amar su trabajo o tener tiempo para alejarse de él en caso de no encontrar cosas positivas que le justifiquen quedarse; probar otra actividad puede ser un reto interesante llegado el momento. ¿Qué pasará si él continúa con su actitud negativa en la actividad que no le gusta? Posiblemente llegue a desarrollar una enfermedad por estar expuesto continuamente a una situación desagradable para él, si no disfruta de la actividad que hace, si no la hace por amor, entonces esa actividad no es para él.

Una historia de conducta autodestructiva

Cuando Melissa se enteró de que estaba embarazada el miedo la paralizó. Preguntas como: "¿Y si no sé cómo ser madre?" "¿Y si sale el niño muy enfermizo?" "¿Y si no lo quiero?" "¿Y si absorbe mi tiempo y mi esposo me abandona?" "¿Y si tengo que regresar a vivir a la casa de mis padres?", la inquietaban todas las noches. Era una mujer joven, en su casa las mujeres se percibían como poco valiosas y no tenían derecho a expresarse; esto lo aprendió de su madre y tías, que le mostraron inconscientemente el papel de las mujeres, situación que le generaba mucho miedo. Su pareja era muy introvertida, encerrado en sí mismo y con problemas de alcoholismo, de manera que se sentía sola con su miedo y desvalorización. El niño nació nueve meses después. En sus primeros años, él también se sentía lleno de miedo e inseguridades, pero no se atrevía a comentarlo con ninguno de sus padres, pues no le daban un espacio para hablar de sus emociones ni para hacerlo sentir importante en la familia; al contrario, cada vez que podían lo ridiculizaban en las reuniones familiares, evidenciando sus problemas escolares y de adaptación. Para disminuir la incomodidad del miedo, la humillación, el rechazo y la falta de atención, empezó a consumir drogas a los diez años; primero empezó con la mariguana y después se fue ampliando a otras drogas más destructivas. Los fracasos escolares aumentaban, así como los robos en su casa y en el resto de la familia y ocurrieron las primeras detenciones de la policía municipal; después fue escalando hasta terminar en prisión, entrando y saliendo de varias condenas. Tuvo muchos intentos de desintoxicación con sus recaídas, hasta que murió a los 27 años por una sobredosis.

Esta breve historia ilustra un poco lo que sucede en algunas ocasiones cuando una situación emocional no se atiende ni se reconoce: crece gradualmente y algún miembro de la familia es quien absorbe de forma más grave los efectos del conflicto. Todos y cada uno de los miembros de la familia son importantes, pero en ocasiones no llegan a construir la red de apoyo emocional o social suficiente para entender que deben dejar las conductas autodestructivas, las creencias de desvalorización y transformar la situación desfavorable en una oportunidad para trascender el miedo, la desvalorización, el abandono emocional y la falta de diálogo constructivo. En esta historia ninguno de los integrantes de la familia logró ver el problema en su totalidad. Melissa, una mujer con poca autoestima, no se atrevió a enfrentar sus miedos e inseguridades, quizás por falta de alguna persona que le ayudara a analizar su realidad objetivamente, a entender los efectos del miedo en su vida, cómo estaba descuidándose a sí misma y que ignoraba a su hijo, el cual estaba creciendo sin una guía, sólo con sus miedos y sin tener a una persona cercana que le apoyara para enfrentarlos de una manera más asertiva. Así fue rodeándose de amigos que crecieron en condiciones de abandono muy parecidas, los cuales poco a poco lo llevaron y acompañaron a las drogas, sumergiéndose más y más en ese mundo de destrucción. El esposo de Melissa provenía de una familia parecida, con un padre que menospreciaba a las mujeres, se distraía con sus amigos y no se ocupaba de la familia; esos patrones quedaron grabados en su inconsciente y no pudo trascenderlos, sólo pudo reproducirlos. La familia tuvo la oportunidad y disposición de ayudarlo, pero no supieron cómo hacerlo. A veces los consejos no son suficientes. Esta historia permite hacer algunas reflexiones para que, en la medida de lo posible, no ocurra de nuevo, o con tanta frecuencia. Cuando suceden cosas así todos salimos perdiendo; todos debemos ayudarnos para construir una mejor realidad donde las mujeres y hombres tengan el apoyo necesario para enfrentar sus miedos e inseguridades de una manera más saludable, sin distracciones que los alejen de la realidad sin aportar algo significativo para enfrentar la realidad de una mejor manera, y tomando la oportunidad de trascender los grandes conflictos familiares que heredamos y mantenemos presentes en nuestra convivencia.

¿Qué tiene que ver la conducta autodestructiva con lo intelectual? Mucho. Cuando hacemos algo que sabemos que nos hace daño, pero no sabemos cómo dejar de hacerlo, o no tenemos la motivación para ello, entonces decididamente estamos caminando hacia nuestra propia destrucción. Es un patrón de conducta muy arraigado en la persona que lo presenta y se necesita de apoyo para superarlo, pero no solamente intelectualmente, sino en los diferentes campos o áreas que integran al ser humano, como la emocional y la espiritual.

¿Para qué recurrir a las drogas o a alguna otra conducta autodestructiva? Probablemente para dejar de sentir las heridas emocionales. Es muy doloroso sentirse culpable. Por ejemplo, Melissa rechazaba a su hijo y él se daba cuenta, pero como no lo platicó ni lo hizo consciente esta emoción dolorosa debió ser anestesiada y olvidada. Lo hizo tanto tiempo que un día, sin querer, se le pasó la mano y murió por sobredosis, dejando un vacío en la familia. Las pérdidas de vida por esta razón son muy numerosas, quizás ya es tiempo de tomar consciencia: el rechazo no debe ocultarse, debe salir a la luz de la consciencia para que se resuelva como deba ser, ocultarlo sólo lo hace más poderoso.

¿Para qué hacer consciente el rechazo? ¿Qué sentido tiene lastimarse uno mismo con el dolor emocional? Las emociones humanas son el recurso del cerebro para sobrevivir. La vida moderna tiene menos peligros reales, pero nuestra evolución es lenta: las emociones han perdido parte de su funcionalidad porque son más los peligros imaginarios que los reales, pero nuestro inconsciente no distingue lo real de la fantasía. Cuando alguien sufre rechazo debe vivirlo conscientemente para trascenderlo. Un primer paso es reconocerlo: aceptar que alguien te rechaza es algo muy sano y necesario, así uno también aprende a darse cuenta cuando se rechaza a sí mismo a través de otras personas, esto funciona como un mecanismo de defensa: "antes de que me rechaces tú a mí, yo te rechazo primero y así evito que me hagas daño". Percibir esto es algo básico para romper el círculo del rechazo, se evita que la víctima se convierta en victimario cortando con el ciclo de dolor emocional; otro paso es el perdón a los que te rechazaron. Mediante este acto liberas a las personas del vínculo de dolor emocional que te mantenía unido a ellos y eso te permite estar en paz; cuando el rechazo, o cualquier otra herida emocional, es perdonado, entonces ocurre algo mágico: deja de verse como un problema y se ve como una oportunidad para ser una mejor persona, tolerante, amorosa, comprensiva. Esta es la magia del perdón: se cambia la percepción de la vida, por ejemplo, al dejar de sentir enojo. Dejas de resonar con la ira y vives con paz, porque las personas que resuenan con esta emoción se van a otro lado.

Ejercicio 1

Identificando las actividades que realmente me gusta hacer

En este cuadro se te pide escribir las actividades que te gustan y describir brevemente lo que aportan a tu vida, tanto en lo positivo como en lo negativo; esto con el propósito de conocer, con un poco de profundidad, el efecto de lo que te gusta hacer en tu vida. Así podrás identificar lo que te gusta y la forma en que te afecta; te permitirá hacer consciente tu intención en las actividades que más repites. Las que te aportan algo positivo en tu trabajo hablan de que te estás enfocando en cosas que te conectan con tu ser.

ACTIVIDAD TRABAJO	POSITIVO	NEGATIVO
ACTIVIDAD TIEMPO LIBRE	POSITIVO	NEGATIVO
ACTIVIDAD FAMILIA	POSITIVO	NEGATIVO

Momento para la reflexión

¿Encontraste las actividades que realmente disfrutas? ¿Algunas actividades las haces por darle gusto a alguien más? ¿Cómo puedes dedicar más tiempo a las actividades positivas para ti? ¿De qué manera estas actividades te conectan con tu ser?

Las actividades que le aportan algo negativo a tu vida te van destruyendo gradualmente en lo emocional, lo social y la salud. ¿Para qué hacer estas actividades que te hacen daño? ¿Para qué te haces daño? ¿Quieres llamar la atención sobre ti de forma inmadura? ¿Quieres destruirte? ¿Para qué quieres destruirte? ¿Qué quieres demostrar con ello? Es importante la reflexión profunda sobre la importancia de las actividades que te gusta hacer, porque éstas pueden ser un buen camino para el autoconocimiento. ¿Qué tanto de lo que haces te construye o te destruye?

Ejercicio 2

Identificando las actividades que tienen prioridad

Preguntas para reflexionar e identificar las actividades que más disfrutas para darles prioridad consciente en la agenda diaria. ¿Cuáles son las actividades que más disfrutas? Numéralas del uno al cinco, de acuerdo con el disfrute y gozo ¿Realizarlas beneficia positivamente tu vida, tu entorno, tu familia y comunidad? Hay que organizar la agenda del día para darles más espacio en la semana, son actividades que tienen prioridad porque son las que te conectan con tu ser. De esta manera el tiempo pasa muy rápidamente, hay una sensación de paz, de tranquilidad, confianza en el presente y futuro, conexión contigo mismo, con las demás personas y con un ser superior. Trata de que este sea el criterio para la elección de las actividades a anotar en el siguiente cuadro.

Actividades que tienen prioridad en la agenda

ACTIVIDAD	DESCRIBE LO POSITIVO Y CÓMO TE CONECTA CON TU SER

Identificando las creencias

Un aspecto muy importante en el área intelectual son las creencias que tenemos. Algunas de ellas interfieren mucho para hacernos sentir intranquilos, enojados, preocupados o ansiosos en la vida diaria. Por ejemplo: María es una empleada que tras siete años de matrimonio se siente muy insatisfecha porque su esposo vive en Estados Unidos y la visita ocasionalmente. El esposo le envía dinero semanalmente, lo que le permite solventar los gastos de la casa, pero el sentirse sola y abandonada le provoca un profundo malestar que evita que esté tranquila. Sus padres vivían una situación similar, pero el padre de ella tenía otra familia; los visitaba ocasionalmente y también era un buen proveedor. Su mamá también estaba inconforme con la situación, pero así vivieron muchos años y continúan igual. Durante el proceso de terapia ella reflexionó sobre el parecido de la situación de su familia paterna con la de su propia familia; ella, al igual que su madre, vivía inconforme con su pareja. Se quejaba, pero no hacía nada para resolverlo. Entendió que tenía la opción de seguir en la misma situación o hablar con su esposo; ella decidió platicarlo y después de unos meses él pudo terminar sus pendientes en Estados Unidos; regresó para vivir y trabajar en la ciudad en que viven ella y sus hijos, rompiendo una lealtad inconsciente y tradición familiar donde los hombres estaban fuera de casa y no compartían el techo familiar, la vida cotidiana de la familia ni responsabilidades. Ahora el reto es permanecer juntos. Ambos vienen de familias donde existen problemas de violencia, depresión, alcoholismo, humillación y abandono, así que el reto es grande; la pareja deberá comunicarse sus necesidades. Pero no existe camino para andar, ellos deberán hacerlo, porque sus ancestros no resolvieron de manera apropiada los conflictos, solamente sometían a las mujeres por medio de la violencia física o económica. En los nuevos tiempos esto no es posible, porque algunas mujeres tienen buenos sueldos y trabajos; esto da la oportunidad de enfrentar los conflictos de una manera más saludable en un marco de sana convivencia y de igualdad de derechos de hombres y mujeres.

Este es un pequeño ejemplo que ilustra la importancia de estar conscientes de nuestras creencias. Cuando tomas consciencia tienes la opción de tomar una decisión más madura sobre el tema en conflicto. A continuación te sugiero un pequeño ejercicio donde analizarás algunas creencias. Haciéndolo tendrás la posibilidad de hacerte consciente de las creencias que te pueden estar produciendo conflicto en este momento.

Una historia de proyección inconsciente

Laura es una maestra de primaria que tiene muchas dificultades para controlar la disciplina del grupo. Ella cree que los niños son muy difíciles porque vienen de familias muy disfuncionales y que sus compañeras maestras y la directora no hacen nada para ayudarla, solamente la critican. En su entorno familiar su esposo está en otra ciudad, ella se siente molesta y abandonada; su salud personal está deteriorada, tiene diabetes, sobrepeso y problemas de sueño. En sesión de terapia psicológica, ella expresa que las cosas no le funcionan bien en su trabajo por culpa de los padres, de las maestras y directora que no la apoyan. En su opinión, cualquier cosa que haga será un esfuerzo inútil pues no está en sus manos resolver situaciones tan complicadas; no alcanza a ver que está proyectando sus propias necesidades, miedos e inseguridades en sus compañeras, padres de familia y niños, pero mientras vea en ellos la causa de sus problemas y no su reflejo, éste se hará cada vez más molesto para ella y las personas con las que convive. ¿Cómo puede ser que sólo esté viendo su reflejo en la situación? Cuando una persona como Laura se niega a enfrentar la situación de una manera proactiva es claro que está proyectando sus emociones internas, el desánimo, la depresión y el darse por vencida, porque verlas en su interior sería demasiado fuerte para ella; es más fácil verlas en el exterior, así justifica Laura su propia inacción y su situación emocional que se resiste a abordar de una manera sana. Las personas de su trabajo le están mostrando su propia realidad, trabajando con ellos tiene la oportunidad de trabajar en sí misma.

¿Cómo puede ser posible que trabajando en su contexto empiece a trabajar en ella misma? Todo está relacionado. Cuando te enfocas en una situación y puedes entenderla, establecer un plan de trabajo y llevarlo a cabo, estás desplegando una serie de habilidades que te permiten extenderlas a otros ámbitos, todo es cuestión de disciplina y enfoque. Si puedes hacerlo en un campo de acción el impacto es extensivo y poderoso.

¿Cuáles son las consecuencias de no trascender la proyección en el entendimiento de la realidad que nos rodea? Si nos ocupamos solamente en culpar a las personas que nos rodean, las mismas situaciones exasperantes e irritantes se repetirán una y otra vez. En el ejemplo de la maestra Laura, en su paso por las escuelas donde trabajó, cada ciclo escolar ha tenido una historia parecida, los padres de familia se han quejado de su incompetencia para controlar la disciplina y el trabajo de sus alumnos.

¿Es posible que a ella le toquen siempre los peores estudiantes de las escuelas en que trabaja? Probablemente no, la repetición de patrones puede ser un indicador de la proyección inconsciente de ella en su trabajo. Es claro que debe trascender esa proyección para empezar a cambiar su historia personal y profesional, de lo contrario probablemente sus ciclos escolares presentes y futuros serán algo similar, donde se encontrará con alumnos y padres de familia que le muestren sus propias necesidades, para que las observe en ellos y pueda atenderla en sí misma, con la humildad de un aprendiz que acepta que aún hay aspectos o áreas de oportunidad a mejorar en sí misma.

¿Por dónde debería comenzar Laura? Un buen inicio sería aceptar que lo que le sucede tiene que ver con ella directamente, dejar de justificarse, de hacerse la victima de los padres que no apoyan, de los estudiantes que no se aplican en sus deberes, y de los compañeros maestros que no ayudan. Enfocarse en las posibilidades, hacer el trabajo de la mejor manera, organizar las actividades, planificando las mismas con atención y cuidado y atender las necesidades educativas de sus alumnos es el primer paso para salir adelante; haciéndose consciente de sus propias necesidades para el trabajo, usando sus habilidades de planeación y ejecución adecuadamente.

¿Cómo podría Laura empoderarse para salir adelante? Al reconocer que es una persona con fortalezas y debilidades; superar el temor de sentirse vulnerable y enfrentar sus miedos e inseguridades; conectar con ella misma y con la gente que la rodea. Es cuestión de dejar de estar a la defensiva y permitirse ver las cosas desde otra perspectiva, no como víctima, sino protagonista que tiene bajo control cierta parte de lo que le sucede.

Ejercicio 3

Formato para detectar creencias

El siguiente formato tiene el propósito de detectar las creencias que pudieran estar afectando negativamente las relaciones significativas que tienes en tu vida. Cuando hay problemas en este aspecto es importante revisarlas para identificar los programas inconscientes que nos afectan y nos impiden en muchas ocasiones lograr nuestros objetivos. Estas creencias las tomé de Albert Ellis y las adapté para presentarlas en la columna de la izquierda, es importante que leas cada una de ellas y, con base en tu situación particular, elijas alguna de las cuatro opciones que aparecen a la derecha: Siempre, si constantemente tienes presente esta creencia; casi siempre, si la piensas con mucha frecuencia; casi nunca, si ocasionalmente la piensas; y nunca, si aplica en tu caso. Es importante elegir la opción correspondiente con honestidad; el llenado es para ti, la utilidad de hacerlo dependerá de la franqueza y profundidad que apliques. Las focalizadas serán las que marques con siempre o nunca, según aplique como problema o como positivo y favorable, si aplica lo primero es un área de oportunidad, lo segundo es una fortaleza; eso las convierte en focalizadas a tomar en cuenta.

CREENCIA	SIEMPRE	CASI SIEMPRE	CASI NUNCA	NUNCA
1. Soy amado y valorado por todas y cada una de las personas significativas en mi vida.				
2. Me amo y me apruebo.				
3. Las personas que no hacen lo que deben merecen ser castigadas.				
4. Amo y apruebo lo que hago.				
5. Es terrible que las cosas no funcionen como uno lo planea y desea.				
6. Amo y apruebo lo que suceda.				
7. Todo lo malo que me sucede es provocado por las personas o situaciones a mi alrededor.				
8. Amo y apruebo las personas y situaciones de mi alrededor.				
9. Nadie puede controlar las emociones.				
10. Amo y apruebo mis emociones.				
11. Si algo es o puede ser peligroso debo estar inquieto y atento, esperando a que ocurra.				
12. Amo y acepto lo que ocurra.				

13. Es más fácil evitar las situaciones difíciles de la vida que hacerles frente.				
14. Amo y acepto enfrentar las dificultades de la vida.				
15. Amo y acepto a un poder superior a mí.				
16. Lo que me ocurrió en el pasado seguirá afectándome siempre.				
17. Amo y acepto lo que ocurrió en mi pasado.				
18. Debo sentirme muy preocupado por los problemas y perturbaciones de los demás.				
19. Amo y apruebo lo que le pasa a los demás, aun cuando puedan parecer problemas y perturbaciones.				
20. Existe una solución perfecta para cada problema; si no la encuentro sería catastrófico.				
21. Amo y apruebo cada problema aun cuando no encuentre la solución que considero perfecta.				

Historia de rechazo emocional

Sonia es una niña de tercer grado de primaria; tiene un compañero llamado Brayan que la molesta muy seguido. Sus padres, preocupados ante la frecuencia de los "problemas de acoso", van a la escuela a mostrar su inconformidad. En la plática con la psicóloga de la escuela los padres comentan que "la niña tiene una hermana en secundaria que desde todo su trayecto por la educación básica ha sido siempre una alumna ejemplar que siempre obtiene el primer lugar, en cambio Sonia solamente piensa en jugar y divertirse. No es una mala alumna, pero pudiera estar mejor si aprovechara el tiempo" —dice la madre—. "Frecuentemente la regañamos para que se aplique más en la escuela, pero no lo hemos logrado". La psicóloga le dice que probablemente la niña se sienta culpable de no responder a las expectativas de los padres y que quizás sea la forma de autocastigarse o de llamar la atención de sus padres por no ser una mejor alumna, o por no sentirse valorada por su poco destacado desempeño escolar en comparación con el de su hermana mayor; los padres se van a casa con el propósito de dar más atención a la niña, a no exigirle mejores calificaciones y a aceptarla como es; la maestra de la niña estará más pendiente de que Brayan y Sonia mejoren en su convivencia en la escuela.

¿Cuáles creencias están afectando la sana convivencia escolar entre Sonia y Brayan? Los padres de Sonia están orgullosos del desempeño de su hija mayor, quizás crean que Sonia está desperdiciando su potencial con un mediano desempeño escolar cuando con un poco más de dedicación podría ser excelente. Esta situación impide que vean y acepten a su hija como es, una persona que necesita de su cariño y aprecio, y que necesita ser acompañada en su proceso educativo. Los padres, ocupados en sus actividades diarias, se permiten muy poco tiempo con ella; quizás ella crea que no la valoran ni la reconocen. Esta situación provoca que inconscientemente ella busque hacerse visible para sus padres y llamar su atención: cuando un niño no se siente valorado, él cree que está mal, que tiene algún defecto. Si sus padres no le dan atención, ella cree que es por algún defecto propio, el cual no puede solucionar por ella misma; esa culpa puede estar detrás de esa situación.

Ejercicio 4

Ventajas y Desventajas de las creencias

Identificando las ventajas y desventajas de cada creencia a las que valoré con siempre y casi siempre del cuadro anterior. Este cuadro tiene el propósito de revisar cada creencia. Cada una tiene a su derecha las ventajas y desventajas que pudiera tener en tu vida. Ahora que ya llenaste el formato del ejercicio 3, después de elegir las creencias relevantes que detectaste en el ejercicio, identificarás la creencia y la revisarás para valorar el efecto positivo o negativo que probablemente tiene en tus relaciones. Trata de verificar si lo que dice aplica en tu vida; para ello deberás ser honesto. Esta actividad está diseñada para que, con madurez y objetividad, valores cada una de las creencias que pudieras estar manteniendo en tu vida.

CREENCIA	VENTAJA	DESVENTAJA
1. Debo ser amado y valorado por todas y cada una de las personas significativas de mi vida.	Esa creencia no tiene ventajas para ti. Las personas tienen derecho a tener su propia opinión sobre ti. Aunque no te guste, aceptar ese derecho es liberador para ti y para ellos.	Puede ser muy angustioso, frustrante y molesto no ser amado y valorado por todas y cada una de las personas; puede provocarte ansiedad o malestar general que puede dañar tu salud.
2. Me amo y me apruebo.	Estás en paz contigo mismo.	No tiene.
3. Las personas que no hacen lo que deben merecen ser castigadas.	No tiene ventajas para ti, sólo trae resentimiento. El buscar que se castigue a los culpables es dar realidad y poder al mundo de la ilusión.	Puede ser demasiado molesto estar entre personas que evaden castigos que tú crees que se merecen. Detrás de esa creencia puede haber culpa por las propias acciones y omisiones; tu molestia puede ser la proyección de tu culpa inconsciente.
4. Amo y apruebo lo que hago.	Estás en paz contigo mismo.	No tiene.
5. Es terrible que las cosas no funcionen como uno lo planea y desea.	El deseo de control es una ilusión, esto no te aporta nada positivo; es una oportunidad para aprender a confiar en la vida.	Puede ser muy desgastante el deseo de controlar a las personas y situaciones para que todo resulte como uno quiere.
6. Amo y apruebo lo que suceda.	Estás en paz contigo mismo.	No tiene.
7. Todo lo malo que me sucede es provocado por las personas o situaciones a mi alrededor.	No tiene nada positivo para ti, la mente busca liberarse de la culpa proyectándola al exterior.	Culpar a los demás de lo que te sucede es evitar la responsabilidad de tus acciones; es muy inmaduro.
8. Amo y apruebo las personas y situaciones a mi alrededor.	Comprender que las personas actúan, a veces, por motivaciones que no entiendes es un acto de amor y aceptación.	No tiene.
9. Nadie puede controlar las emociones.	Lo que sí se puede es aprender a controlar las respuestas emocionales mediante técnicas de inteligencia emocional.	Creer que nadie puede controlar las emociones puede ser una excusa para justificar los actos inmaduros y peligrosos.

10. Amo y apruebo mis emociones.	Las emociones no son buenas ni malas, son necesarias para la vida, pero hay que aprender a conocerlas, sentirlas y vivirlas como lo que son.	No tiene; es necesario amarlas y aceptarlas para trascenderlas y que sean un apoyo para el autoconocimiento y la paz interior.
11. Si algo es o puede ser peligroso debo estar inquieto y atento esperando a que ocurra.	"Espera lo mejor, prepárate para lo peor". No tiene ventajas para ti.	Puede ser muy desgastante estar esperando que algo malo ocurra solamente porque es posible. Esto puede ocasionar inquietud y ansiedad.
12. Amo y acepto lo que ocurra.	Estás en paz contigo mismo.	No tiene. Pero debes hacerlo desde el amor.
13. Es más fácil evitar las situaciones difíciles de la vida que hacerles frente.	No tiene, a menos que aproveches el tiempo que ganas mientras esperas para prepararte, por ejemplo, aprendiendo técnicas de inteligencia emocional y comunicación asertiva.	Evitar enfrentar las situaciones difíciles o conflictivas sólo provocará que se hagan más grandes y complicadas. Dejar que los problemas crezcan es contraproducente; llega el momento en que es demasiado complicado para resolverlos.
14. Amo y acepto enfrentar las dificultades de la vida.	Esta actitud trae muchas ventajas. Las dificultades de la vida te ayudarán a fortalecer tu carácter si haces lo necesario para enfrentarlas.	No tiene desventajas. Al contrario, enfrentar las dificultades te fortalece y puede unirte con las personas difíciles, o apartarlas de ti, pues ya cumplieron su ciclo.
15. Amo y acepto a un poder superior a mí.	Estás en paz contigo mismo, aceptas tus límites y renuncias al control.	No tiene desventajas. Confiar en un poder superior puede ser liberador.
16. Lo que me ocurrió en el pasado seguirá afectándome siempre.	El pasado sirve como experiencia de vida y puede fortalecer tu carácter; depende sólo de ti lo que hagas con él: repetirlo o trascenderlo.	Mantener esta creencia puede ser lo que mantiene el poder del pasado sobre ti inconscientemente. Tú le das el poder, tú se lo quitas.
17. Amo y acepto lo que ocurrió en mi pasado.	Honrar el pasado es reconocerlo como experiencia de aprendizaje y de crecimiento personal.	No tiene; reconciliarse con el pasado es útil para el aprendizaje.
18. Debo sentirme muy preocupado por los problemas y perturbaciones de los demás.	No tiene. La preocupación generalmente viene del miedo, recuerda que eres un proyecto del Universo más allá de la forma y del tiempo.	Mantenerse preocupado por los problemas de los demás te debilita, te predispone para tener más problemas y te distrae.

19. Amo y apruebo lo que le pasa a los demás, aun cuando puedan parecer problemas y perturbaciones.	Estás en paz y ayudas a los demás a encontrar su paz y crecimiento personal.	No tiene. Si refuerzas en tu hermano la idea de que hay algo malo en él le das fuerza al error.
20. Existe una solución perfecta para cada problema; si no la encuentro sería catastrófico.	No tiene. Es necesario renunciar al control, así permites que la inteligencia superior exprese la mejor solución.	Esperar una solución perfecta para un problema puede ser frustrante si no lo logras. No puedes controlar el resultado.
21. Amo y apruebo cada problema aun cuando no encuentre la solución que considero perfecta.	Tener fe y esperar lo positivo es algo muy saludable, el Universo puede presentarte otras opciones.	No tiene; esto te da paz y serenidad, lo que permite que la solución se exprese a sí misma naturalmente.

En este ejercicio pudiste ver las ventajas y desventajas de cada creencia. Si lo realizaste con sinceridad probablemente hayas encontrado algunas creencias que te provocan conflicto en algún área de tu vida, debes recordar que las creencias no tienen valor por sí mismas, así que, si estás dispuesto a solucionar los conflictos en tu vida, deberás estar dispuesto a renunciar a ellas. El resultado valdrá la pena, porque los conflictos que enfrentas con algunas personas se suavizarán significativamente, al igual que los conflictos que tienes contigo mismo al vivir en la ilusión; poco a poco descubrirás e integrarás tu ser al renunciar a tus creencias.

Es importante reflexionar sobre las creencias limitantes, este pequeño ejercicio pretende guiarte de inicio en ese proceso y enseñar a tu mente a desprogramarse para reflexionar sobre lo absurdo de algunos programas que hemos heredado y que gobiernan nuestra vida de forma automática e irreflexiva.

¿Qué encontraste en este ejercicio? ¿Alguna creencia llamó tu atención? ¿Vale la pena mantener esa creencia? ¿Está provocando algún problema o situación difícil en tu vida? *Un curso de milagros* plantea que las creencias son la fuente de los problemas que provocan que nos distanciemos de nuestro ser y de las personas que nos rodean; en este sentido es importante hacerlas conscientes y valorarlas para revisar el efecto que tienen en nuestras vidas.

Es importante recordar que cuando tomas una posición a favor o en contra en un conflicto éste se polariza y se vuelve poderoso, en cambio cuando solamente intentas resolverlo o comprenderlo sin imponer tu punto de vista, o verlo como algo malo, entonces el conflicto pierde poder, se vuelve más manejable y es más posible solucionarlo.

Una historia de adicción al alcohol

Cinthia es una mujer que creció en una familia con problemas de alcoholismo. En las reuniones familiares sus padres llamaban la atención por la cantidad de cerveza que podían beber sin perder la compostura; generalmente esto se percibe como una situación normal y nadie sugiere que quizás ahí exista un problema. Su infancia y adolescencia la vivió entre alcohol e incomunicación, no tuvo oportunidad de reconocer sus inseguridades ni de platicarlo con sus seres queridos. A partir de los 15 años empezó a beber al mismo ritmo que sus padres. Naturalmente, sus novios también eran bebedores. A los 28 años ella se embarazó como madre soltera ante el enojo y frustración de sus padres, que ven el embarazo como un problema por la premura y falta de planeación; no alcanzan a ver la oportunidad que esta situación les brinda para enfocarse en lo realmente importante, que es recibir la vida que viene con la confianza de que todo estará bien. Por otro lado, la disposición para enfrentar sus pendientes emocionales y afectivos deben ser atendidos por su familia, tanto para apoyar a su hija, yerno y nieto en las situaciones que vendrán a corto y largo plazo.

Esta breve historia ilustra la falta de una práctica de diálogo y de comunicación familiar; si las personas dedicáramos

menos tiempo a distraernos en el alcohol y más en recono-
cernos y comunicarnos uno a otros, otra historia sería. Quizás
la creencia de que el alcohol nos hace funcionales lo hace tan
exitoso y silenciosamente nos destruye desde dentro ante la
complacencia y complicidad de nuestra familia y amigos que
hacen lo mismo, quizás con un poco menos de alcohol. Así
nos consolamos unos a otros, viendo que los demás son los
que se pasan y tienen problemas; cuando todos los tenemos
y por eso estamos juntos, pero no únicamente nos reunimos
por los defectos, también por las virtudes, como la capacidad
de salir adelante pese a la adversidad y por valores como la
amistad. No obstante, es necesario trascender las situaciones
perjudiciales como la incomunicación, la falta de disposición
para escuchar nuestros miedos e inseguridades para reconocerlos como algo presente que está detrás de ese deseo de
beber para ocultar los malestares y distraernos.

¿Qué trastorno emocional puede estar detrás de una adicción? Puede ser una profunda inmadurez que nos impide
hacernos cargo de nuestros pendientes emocionales; reconocer
nuestras heridas emocionales puede ser doloroso, pero es
un paso necesario para empezar a actuar responsablemente y
dejar de intoxicarnos con sustancias que nos distraen momen-
táneamente, brindándonos un momento artificial donde nos
alejamos temporalmente de nuestro dolor emocional.

¿Por qué bebe la mayoría de las personas? Algunas personas buscan en la bebida el olvido de sus limitaciones. El
alcohol aligera las sensaciones emocionales de frustración
emocional, dando al bebedor una sensación de alegría y rela-
jación momentánea, misma que se va perdiendo a medida
que éste pierde la capacidad de moderar el consumo, lleván-
dolo gradualmente al deterioro de las relaciones sociales, a

perder el trabajo o alguna otra situación difícil. Afortunadamente la mayoría de las personas son muy funcionales con el alcohol y este hábito no les ocasiona problemas graves.

¿Cuál es el problema con el alcohol si ayuda a las personas a que, pese a sus heridas emocionales, sean funcionales en sus contextos? En el corto plazo el alcohol ayuda a mitigar y anestesiar las heridas emocionales, pero no es anestesia lo que necesitan, sino una cura, una solución. El alcohol es un factor que retrasa la atención oportuna de las situaciones emocionales que requieren revisarse y atenderse. El diálogo, el reconocimiento, la toma de nuevos acuerdos en una relación y el acompañamiento son el camino para la solución de los conflictos y heridas emocionales.

Ejercicio 5

Identifica tus necesidades emocionales

Analiza algunas creencias para identificar las probables necesidades emocionales que pueden provocar en tu vida. En este ejercicio podrás ver las necesidades que alguna creencia genera en ti, éstas pueden surgir por un faltante en tu vida. Léelas con atención, objetividad, honestidad y deseo de mejorar; si lo haces podrás ver la necesidad que descubriste. En la columna de la derecha viene la nueva pauta de pensamiento para enfrentar la necesidad, esa forma de pensar quizá al principio te parezca absurda y tal vez estés en completo desacuerdo con ella; confía en la frase, incorpórala a tu ser y poco a poco te ayudará a conectar. A medida que las incorpores gradualmente en tu vida te sorprenderás de los resultados favorables.

CREENCIA	PROBABLE NECESIDAD QUE DESCUBRE EN TI	NUEVA PAUTA DE PENSAMIENTO PARA TI
1. Debo ser amado y valorado por todas y cada una de las personas significativas de mi vida. 2. Me amo y me apruebo.	Probable necesidad de ser aprobado y amado por todas las personas significativas y principalmente por ti mismo.	Respeto las ideas y opiniones que los demás tengan sobre mí, a pesar de lo que piensen de mí. Yo me amo y me apruebo siempre, soy amor y aprobación.
3. Las personas que no hacen lo que deben merecen ser castigadas.	Probable necesidad de reconocer y liberar nuestra propia culpa.	Reconozco la libertad personal de cada uno, acepto que actúen como ellos deseen, aun cuando yo no esté de acuerdo. Soy libertad y aprobación.
4. Amo y apruebo lo que hago.	Probable necesidad de amor y aprobación propia.	Amo y apruebo lo que hago siempre. Soy amor, libertad y aprobación.
5. Es terrible que las cosas no funcionen como uno lo planea y desea. 6. Amo y apruebo lo que suceda.	Probable necesidad de renunciar control y practicar la aceptación.	Reconozco que, a pesar de mis esfuerzos, las cosas no resultan a mi completo gusto, pero aun así amo y apruebo los resultados. Soy amor y aceptación.
7. Todo lo malo que me sucede es provocado por las personas o situaciones a mi alrededor. 8. Amo y apruebo las personas y situaciones de mi alrededor.	Probable necesidad de reconocer y liberar la propia culpa.	Me perdono por sentirme culpable, renuncio a proyectar mi culpa inconsciente en los demás; siempre hago las cosas lo mejor que puedo y con amor. Soy amor y aceptación.
9. Nadie puede controlar las emociones. 10. Amo y apruebo mis emociones.	Probable necesidad de desarrollar inteligencia emocional y comunicación asertiva.	Estoy dispuesto a reconocer mis emociones y aprender a regular la forma de expresarlas sin hacer daño. Soy amor y aceptación.
11. Si algo es o puede ser peligroso debo estar inquieto y atento esperando a que ocurra. 12. Amo y acepto lo que ocurra.	Probable necesidad de controlar la propia inquietud y ansiedad.	Aprendo a estar en paz y en armonía conmigo mismo y mi entorno. Soy paz y sosiego.

13. Es más fácil evitar las situaciones difíciles de la vida que hacerles frente. 14. Amo y acepto enfrentar las dificultades de la vida.	Probable necesidad de fortalecer la confianza y seguridad personal, así como confiar en un poder superior.	Me mantengo confiado y seguro, confío en que todo saldrá bien. Soy aceptación.
15. Amo y acepto a un poder superior a mí.	Probable necesidad de aceptar y confiar en un poder superior.	Confío que el poder superior que me creó me apoya para superar las dificultades que enfrento. Soy confianza, aceptación y seguridad.
16. Lo que me ocurrió en el pasado seguirá afectándome siempre.	Probable necesidad de reconciliarse con el pasado y aprender a estar en el presente.	Estoy dispuesto a vivir plenamente en el presente con la inocencia de un niño que jamás ha sido traicionado ni herido. Soy amor y aceptación en el presente.
17. Amo y acepto lo que ocurrió en mi pasado.	Probable necesidad de reconciliarse con el pasado.	Estoy dispuesto a perdonar a todas las personas que me lastimaron o hirieron de alguna manera en el pasado. Soy amor y aceptación en el presente.
18. Debo sentirme muy preocupado por los problemas y perturbaciones de los demás.	Probable necesidad de controlar la propia inquietud y ansiedad.	Confío en que cada uno puede resolver apropiadamente sus conflictos de manera adecuada. Soy aceptación.
19. Amo y apruebo lo que le pasa a los demás, aun cuando puedan parecer problemas y perturbaciones.	Probable necesidad de aceptar un poder superior.	Confío en que la inteligencia que me creó me ayuda a resolver mis propios conflictos. Soy confianza.
20. Existe una solución perfecta para cada problema; si no la encuentro sería catastrófico.	Probable necesidad de renunciar a la ilusión del control.	Estoy dispuesto a renunciar a la ilusión de control y a aprender a confiar en una inteligencia superior. Soy amor y confianza.
21. Amo y apruebo cada problema, aun cuando no encuentre la solución que considero perfecta.	Probable necesidad de renunciar a la ilusión del control.	La inteligencia que me creó me ayuda a entender que no puedo controlarlo todo. Soy aceptación.

Ejercicio 6

Trabajo en mis necesidades emocionales y creencias

Anota las creencias que identificaste y estás dispuesto a trabajar para conectar con tu ser.

CREENCIA	DESCRIBE LA NECESIDAD Y CÓMO VAS A TRABAJARLA PARA CONECTAR CON TU SER
Ejemplo: debo ser amado y valorado por todas y cada una de las personas significativas en mi vida.	Ejemplo: detecto que tengo la necesidad de ser valorado y amado por todas las personas significativas en mi vida. Por eso siempre soy amable sin permitirme expresar lo que yo soy; a partir de ahora expresaré mis deseos y necesidades con franqueza y respeto, desarrollando asertividad; así conectaré con mi ser, reconociendo y apreciando mis valores y necesidades, y las de las personas con las que convivo.

El alumno difícil

Pedro es un profesor de tercer grado de educación primaria. En su grupo está Ángel, un niño que le causa muchas dificultades porque es impulsivo y le complica el trabajo de enseñanza debido a que su inquietud distrae la atención de los demás niños. Prueba algunas estrategias para mejorar la atención del niño, pero se da cuenta de que, aunque mejoró un poco, también él tiene que mejorar en cuanto a su paciencia y tolerancia con el niño; entiende que Ángel es su maestro de paciencia, tolerancia y comprensión, así como él es profesor de tercero. Los dos aprenden algo en el proceso de enseñanza-aprendizaje, de manera que Pedro, al entenderlo, aprovecha la oportunidad que Ángel le brinda.

¿Qué oportunidad le brinda Ángel a Pedro? La de desarrollar paciencia, tolerancia y amor por su trabajo; los alumnos impulsivos ayudan a sus maestros y a sus padres a detectar y atender las necesidades emocionales que estos puedan tener. Siempre hay aspectos importantes en la vida de las personas que se descubren en el proceso de atención de estos niños.

¿Qué podría descubrir Pedro en su relación con el niño difícil? Por ejemplo, si Pedro, en su niñez, fue muy obediente con sus padres y nunca se permitió expresar lo que sentía o hacer lo que quería por miedo, puede aprender que él también debería darse permiso de expresar sus necesidades, sin pensarlo tanto y atreverse a hacer lo que desea ni detenerse por el miedo constante que no lo deja actuar. En ocasiones nuestros miedos conscientes e inconscientes provocan que nos enojemos con las personas que hacen lo que nosotros no nos atrevemos. En este sentido, el maestro puede descubrir, mediante la relación con el niño en clase, sus miedos e inseguridades profundas, pero debe atreverse a mirarlo con los ojos del amor, de la comprensión y el entendimiento, no con los del miedo.

Ejercicio 7

Identifico cosas que agradezco de mi vida

Escribe las cosas que agradeces en este mundo y describe brevemente lo positivo que aportan a tu vida y a tu ser. Usa tus propias palabras y trata de conectarte en el proceso, quizás creas que no sabes qué es tu ser, pero con el poder de la intención lo descubrirás poco a poco.

COSAS QUE AGRADECES DE TU VIDA	LO POSITIVO QUE APORTA A TU VIDA Y A TU SER
Ejemplo: agradezco las personas que están a mi lado y me apoyan.	Ejemplo: el apoyo de las personas que están a mi lado me da fortaleza y seguridad para seguir adelante, me conecta con mi ser porque son mis hermanos y lo positivo que tengo en mí lo reflejo en ellos y me muestran mis fortalezas.

Es muy importante aprender a ver las cosas positivas en nuestra vida, tenerlas presentes y apreciar las que se tiene; esto es básico para la mentalidad de abundancia. Si pones tu atención en lo que careces siempre te faltará abundancia en tu vida porque tu mente se enfoca en la escasez.

Ejercicio 8

Reconozco lo positivo de lo que no me gusta.

Escribe las cosas que no te gustan y escribe lo positivo que aportan a tu vida.

COSAS QUE NO TE GUSTAN	LO POSITIVO QUE APORTA A TU VIDA Y A TU SER
Ejemplo: no me gusta cuando me contradicen, me hacen sentir molesto. Creo que no comprenden mis ideas.	Ejemplo: esta molestia me da la oportunidad de ser humilde y tolerante, porque debo entender y aceptar que las personas tienen diferentes ideas a las mías y que esas opiniones tienen valor para ellos y para mí. Entender sus argumentos me permite ampliar mi visión de las cosas; esto me acerca a mi ser porque yo no soy mis creencias, yo soy humildad y paciencia.

Las cosas que no nos gustan de nuestra vida son las que nos brindan la oportunidad de mejorar algún aspecto de ella. Por ejemplo, es muy frecuente que necesitemos mejorar en relación con la tolerancia y la paciencia, valores fundamentales que cuestan mucho trabajo, sobre todo con las prisas de la vida moderna. No menosprecies las oportunidades que te brindan las situaciones difíciles e indeseables; imagina que tienes un equipo de personas a las que les vas a enseñar a limpiar, seguramente para hacerlo los llevarías a un lugar sucio para que practiquen quitar manchas y suciedad; así funciona con los valores: llegas a un lugar donde tienes que aplicarlos para practicarlos, esa es la mejor forma de aprender.

Ejercicio 9

Identifico fortalezas y debilidades para diseñar un plan de trabajo

Anota en el cuadro las fortalezas detectadas en los ejercicios previos y cómo las vas a utilizar para tu autoconocimiento y paz interior, tomando en cuenta la dimensión intelectual. Sugiero enfocarse en las actividades que te gusta hacer, así fortaleces la conexión con tu ser y paz interior mediante las actividades que disfrutas.

FORTALEZAS	CÓMO LAS APROVECHARÉ PARA EL AUTOCONOCIMIENTO PERSONAL Y LA PAZ INTERIOR
Ejemplo: estoy dispuesto a cuestionar mis creencias, tengo habilidad y disposición para escuchar críticas y sugerencias.	Ejemplo: cuando me hagan críticas o sugerencias las escucharé con respeto y no me justificaré. Si me provocan algún enojo buscaré lo positivo en las sugerencias.

Anota en el cuadro las áreas de oportunidad detectadas en los ejercicios previos y cómo las vas a trabajar para tu autoconocimiento y paz interior, tomando en cuenta la dimensión intelectual. Sugiero tomar en cuenta las creencias detectadas que afectan la relaciones con los demás.

ÁREAS DE OPORTUNIDAD	CÓMO LAS TRABAJARÉ PARA EL AUTOCONOCIMIENTO PERSONAL Y LA PAZ INTERIOR
Ejemplo: tengo una relación disonante en mi trabajo con un compañero que me irrita por su conducta.	Ejemplo: evitaré juzgarlo; cada vez que lo haga me perdonaré por hacerlo y buscaré la causa del enojo oculta en mí, evitando proyectar la culpa en él.

Resumen

Nuestra mente es energía e información, es algo que heredamos del estado emocional de nuestros padres; contiene la información del inconsciente familiar, de nuestros ancestros y de la humanidad, todo cuanto han considerado relevante en el transcurso de su paso por este mundo. Probablemente nuestro papel es trascender esta información, darle un significado y valor nuevo, y decidir un papel diferente en el rol de la misma. Aquí comparto historias y le doy una posible interpretación para que el lector la vea y tome lo que le parezca relevante para comprender su propia realidad, la cual, seguramente, tendrá algún parecido con lo leído, ya que las experiencias mostradas comparten algo común con cualquier persona, aunque en lo especifico tengan sus particularidades individuales. Esto tiene como propósito la ampliación de la consciencia para que empiece a reconocerse a sí misma a través de su creación y de su creador, y que tenga más posibilidades de actuar y crear conscientemente en su realidad. Para comprender al ser desde el intelecto hay que sumergirse en la experiencia y vivirlo plenamente; luego, mentalmente, se debe enfocar la atención en el espacio entre pensamientos, en lo que no es pensar. Ese vacío es el que le permite ser al pensamiento: las infinitas posibilidades de la consciencia que se expresan en la realidad. El pensamiento no es materia, pero eso es, también, lo que le permite ser, lo que lo convierte en una especie de símbolo que representa un pensamiento o emoción creadora inconsciente que es, a la vez, la madre de esa creación. Cuando Descartes dijo "pienso, luego existo", se refería a esto, a la creación inconsciente del pensamiento que se expresa en la realidad mediante un lenguaje simbólico a través de la materia. El pensamiento poderoso es el que va enlazado a una emoción y el que tiene más energía para expresarse, independientemente de lo positivo o negativo que sea. La consciencia creadora no juzga, solamente crea y expresa lo que recibe; a mayor poder más creación. Esto explica el mundo que nos rodea y del que formamos parte, el cual a veces nos hace pensar que es cruel en exceso, cuando en realidad es la expresión de nuestro inconsciente colectivo. Después de lo que hemos leído, escrito y sentido a lo largo de estos ocho ejercicios, ya conoces un poco de la forma en que intelectualizas lo que te sucede. Cuando la parte mental está muy unida al ego es muy común que nos sintamos ansiosos, temerosos y separados de nosotros mismos y los demás, con culpa inconsciente que, al reflejarla en quienes nos rodean, los juzgamos y los encontramos culpables. Así intentamos liberarnos inconscientemente de nuestra culpa al proyectarla fuera de nosotros. De esta manera es como perdemos la paz interior, la salud, la conexión con nosotros mismos y con las personas que nos rodean; no podremos encontrar nuestro ser si no es a través de nuestros hermanos. Los ejercicios 6 al 8 te permitirán, poco a poco, identificar tus creencias; al hacerlas conscientes perderán su poder sobre ti si estás dispuesto a conectar con tu ser. Si encontraste alguna creencia conflictiva recuerda que sólo tú puedes decidir retirarle el poder que le diste, para ello deberás entender y aceptar que tu punto de vista no es más que una ilusión, una creencia que tienes el poder de deshacer en cuanto lo decidas. Espero que este trabajo haya servido para comprender tu intelecto un poco mejor y que lo puedas usar para ponerlo al servicio de tu ser. Cuando intelectualmente reconoces que lo que piensas es una ilusión, es más fácil desapegarte de las creencias, aceptar que la información del mundo es confusa, contradictoria, y que cuando intentas decidir algo, en ocasiones, esa decisión te separa de personas muy queridas para ti. Es en estas situaciones donde surge la importancia de la consciencia, de la reflexión y de la conexión real con tu ser. Si tienes dificultades en este sentido revisa a profundidad la parte donde viene la nueva pauta mental y repítela en tu mente; no importa si al principio no la creas o te incomode decirla. Poco a poco integrarás en tu mente el significado profundo y liberador de dicha frase. Recuerda que para sanar deberás hacer cosas distintas de las que te llevaron a tu situación actual; si quieres corregir tu rumbo intenta algo diferente, los grandes logros empiezan con pequeños pasos. Comenzamos con el intelecto porque generalmente creemos que lo que pensamos es lo que somos y que el mundo es lo que es, cuando en realidad lo vemos como nosotros creemos que somos y como creemos que es; en realidad es un misterio demasiado complejo del cual no sabemos casi nada con certeza. La mayor parte de lo que sabemos de él es simplemente especulación, de tal manera que somos pasajeros de un tren de la vida en el cual aparecimos un día; vamos acompañados por personas maravillosas que conocemos en diferentes etapas durante nuestro crecimiento. Las amamos, peleamos y nos reconciliamos en un ciclo interminable, en un programa que se autoejecuta infinitamente. Avanzamos en el tren de la vida sin conocer nuestro destino o el propósito del viaje; vamos con prisa, luchando por sobrevivir y hacer valer nuestra opinión, sin analizar el valor, sustento u origen que tiene dicha creencia. Cuando tenemos edad o experiencia suficiente observamos nuestro interior para buscar respuestas, éstas nos evaden y reconocemos humildemente que no sabemos casi nada del viaje que estamos emprendiendo; nos asomamos por la ventanilla, platicamos con el resto de los pasajeros y compartimos lo que creemos saber. Así elaboramos nuestra interpretación de la vida, con la consciencia de que somos viajeros que no sabemos de dónde vienen, quiénes somos, qué es eso en que vamos montados, cuál es el propósito del viaje y hacia dónde vamos; nos toca a todos colaborar en la construcción y entendimiento de la realidad, con humildad, curiosidad y talento, pero sin olvidar que realmente no sabemos casi nada.

Sugerencias:

Deja de justificar tus acciones. Cuando alguien te reclame algo no digas por qué lo hiciste ni te justifiques; escucha lo que te dicen, compréndelo, acéptalo, intégralo. Quizás pienses que la persona que te reclama no tiene razones para hacerlo y quisieras hacerle ver eso que tú tienes tan claro, pero resiste la tentación; la persona frente a ti necesita más que la escuches que la convenzas, con esta sencilla técnica dejarás de activar una antigua trampa que por años ha controlado tus respuestas y te ha mantenido en el conflicto, separándote de tu ser y, por supuesto, de tus seres queridos y compañeros de trabajo.

Deja de juzgar. Cuando veas una actitud o acción que no te gusta, apártate mentalmente; comprende que cada persona tiene su nivel de consciencia. Considerar algo como malo te separa de tu hermano y de ti mismo. Mantente neutral, sereno y pide a la inteligencia superior paciencia, tolerancia y comprensión; esto es básico para el desapego y la tolerancia. Hacer este sencillo ejercicio te permite dejar de caer en la trampa de la separación. Si entiendes que todos somos uno y lo llevas a la práctica, nada de lo que hagan tus hermanos te hará juzgarlos, porque podrás comprenderlos, tolerarlos, amarlos, integrarlos y en el proceso harás lo mismo con tu ser. Parece una contradicción, pero no te preocupes por entenderlo ahora; cuando lo hagas empezarás a recorrer un camino de salud, bienestar e integración de tu ser que te alejará de los dramas y los altibajos emocionales. Las personas te seguirán importando, pero aceptarás su libertad, la cual es también la tuya; ampliarás tu visión de las cosas y las personas a tu alrededor, con lo cual aprenderás a amar desde el desapego, y comprenderás que no eres tus creencias, no eres tus posesiones, no eres tu familia, ni tu trabajo, ni tu profesión, ni tu religión, ni tu nacionalidad. Tu ser es mucho más grande y amplio que todo eso.

Acepta que vives en la ilusión. El mundo que ves es una ilusión, nada de lo que puedes ver lo podrás comprender a profundidad, la realidad es demasiado compleja y evasiva. Si estudias y comprendes una parcela de la realidad, descuidas otra que también es importante, eso explica tanta información contradictoria sobre la mayoría de los temas conocidos e interesantes, ríndete al misterio y este se te revelará.

Preguntas y respuestas

¿Qué evidencia hay de que existen los mecanismos de defensa?

Un mecanismo de defensa es la forma en que una persona se protege de los peligros que percibe del ambiente que le rodea, es una forma de tomar un tiempo para responder de una mejor manera posteriormente, después de analizar la situación. Lamentablemente no existen estudios que midan el uso de los mecanismos de defensa, pero el psicoanálisis los planteo en su teoría para explicar las formas en que la mente se defiende de los ataques reales o imaginarios. Lo que existe es la teoría, la aceptación de las personas que reconocen haberlo hecho y las interpretaciones de los psicoanalistas en relación con la reacción de algunas personas ante lo que interpretan como agresión. Sin embargo, no existen reportes de evidencia empírica, pero eso no significa que los mecanismos de defensa sean una explicación fantástica. Recordemos que gran parte del conocimiento comenzó como especulación teórica hasta que existieron los medios, los momentos históricos, los recursos y las personas indicadas para lograr su demostración con datos empíricos. Por ejemplo, cuando en el siglo XVII Galileo explicó que la tierra y otros planetas giraban alrededor del Sol (heliocentrismo) no existía forma de comprobarlo, la teoría vigente en ese tiempo era el geocentrismo que colocaba a la Tierra en el centro del Universo. Fue hasta el siglo XX que hubo instrumentos para demostrar su teoría, pero ciertamente la Tierra y otros planetas giraban alrededor del Sol antes de que la humanidad tuviera la capacidad y la disposición para comprobarlo.

En la explicación usted habla de la proyección como forma de mecanismo de defensa. ¿Qué significa eso?

Cada persona tiene la capacidad para explicarse la realidad y su interpretación tiene validez porque viene de su experiencia. Pero si esa persona tiene la oportunidad de analizar eventos desde otra perspectiva puede entender que existe la posibilidad de que lo que está viendo en las personas que lo molestan sea su propia molestia, debido a lo que le sucede en su interior. Por ejemplo, si a alguien le molesta mucho como una persona se comporta, quizás la molestia es provocada por la proyección del deseo inconsciente de comportarse de esa misma manera en otro aspecto de la vida. Ocurre frecuentemente que los padres se molestan porque los hijos no se quieren levantar en las mañanas para ir a la escuela, quizás ese enojo se deba a que ellos no pueden evitar levantarse temprano para ir a trabajar, pero deben hacerlo, si no lo hacen los correrán del trabajo. Entonces es posible que proyecten ese deseo inconsciente de no levantarse temprano; básicamente es así como funciona la proyección inconsciente.

¿Por qué debo creer que lo que me molesta es una proyección?

Cada uno puede entender la realidad como su nivel de consciencia le permita, no es preciso creer esa explicación; pero sí es importante empezar a ampliar la capacidad de ver el contexto. Cuando no te atreves a cambiar la percepción, la realidad sigue con lo suyo. Un probable propósito de la vida es la trascendencia de las heridas emocionales, es decir, superarlas y seguir adelante. En el caso del ejemplo anterior, quizás los padres que se molestan con sus hijos que no se levantan temprano deben comenzar a entender que la proyección del enojo hacia sus hijos puede darles la oportunidad de escuchar lo que ellos tienen que decir al respecto.

Es posible que se sientan poco motivados para levantarse o deban mejorar sus horarios para organizar mejor las actividades del día; aprender a amar lo que hacen, e inculcarles a sus hijos el deseo de ser disciplinados y puntuales. Si los padres se enfocan en evaluar a sus hijos como perezosos e irresponsables, entonces el conflicto de las mañanas seguirá por algún tiempo, hasta que alguien se doblegue; puede ser el niño, los padres o la escuela. El conflicto es necesario para que alguien cambie, ya sea desde el miedo o desde el amor, igual funciona; pese a que el conflicto se calma desde el miedo, éste sigue latente, porque aún no se ha resuelto, sólo ha entrado en pausa, como la calma que precede a la tormenta.

Entonces, ¿conocerse a uno mismo implica aceptar los mecanismos de defensa como probable explicación de los conflictos que hay en nuestras familias?

Es un factor que ayuda. Cuando una persona deja de culpar a otros de lo que le sucede existe la posibilidad de que se abran puertas en la consciencia, la percepción y el entendimiento que habían permanecido cerradas, generando una energía de apertura y disposición que hace posible que la nueva percepción se revele antes las personas con facilidad. En el ejemplo anterior, de la disciplina amorosa como alternativa sana de solución del conflicto provocado aparentemente por los hijos que no quieren levantarse por las mañanas, los padres pueden lograr conocerse a sí mismos a través de sus hijos al reconocer la proyección. Por el contrario, cuando no existe la disposición y apertura, los problemas continúan creciendo, pues cuando se enfrentan los conflictos con las mismas estrategias éstos tienden a aumentar.

¿Los padres que culpan a los hijos de sus enojos son malos padres?

No, culpar a los hijos es una proyección para justificar su propia falta de conocimiento de sí mismos. De lo contrario sabrían que inconscientemente están evitando enfrentar sus heridas emocionales de una manera más sana. Por ejemplo, un adulto que fue rechazado por sus padres quizás repetirá el rechazo con sus hijos, en sí mismo, su familia y en los compañeros de trabajo o empleados y vecinos. Rechazarlos le permitirá protegerse de ser lastimado por el dolor de esa emoción, entonces esa persona, con frecuencia, experimentará soledad en los lugares en que se encuentre, porque se protege del sufrimiento a través de la soledad y la separación: "antes de que me rechacen, yo lo hago primero y así evito que me lastimen"

Eso no lo hacen las malas personas, lo hacen quienes quieren evitar el sufrimiento inicial que da el reconocer el dolor emocional que provoca no sentirse querido ni apreciado, y para ello justifican sus acciones de rechazo por la falta de colaboración de los hijos que no agradecen su dedicación y crianza; creen que ellos hacen lo posible por hacerlos quedar mal como padres por su actitud perezosa y desanimada.

¿Culpar a los hijos de lo que pasa con ellos mismos no los convierte en malas personas?

Por supuesto que no, son personas que no han tenido oportunidades adecuadas para que alguien les explique con claridad lo necesario para entender y para ver las cosas de una manera diferente. Fueron criados por personas heridas emocionalmente que hicieron lo mejor que podían con sus niveles de consciencia.

Entonces, ¿cuál es el beneficio de empezar a aceptar la proyección para explicarse los fenómenos de la realidad?

Que el autoconocimiento empieza a revelarse. Cuando esto ocurre se pueden ver oportunidades donde antes se veían dificultades; se comienza a ver amigos que en un principio parecían enemigos; surge la confianza donde antes había miedo; aparece la solidaridad donde antes había egoísmo; nace la esperanza donde antes había amargura y depresión. El autoconocimiento permite ver la realidad de otra manera. Les comparto una frase de Alejandro Jodorowsky: *"No sé lo que busco, pero sé que lo que busco me encuentra"*, la cual explica de una forma muy bella la respuesta a esta pregunta. "Lo que niegas te somete, lo que aceptas te libera" responde la pregunta de una manera precisa.

Parece demasiado bello para ser posible ¿Cómo puedo comenzar?

Al principio no es bello, es más bien doloroso porque existe el riesgo de sentirse culpable por reconocer el dolor emocional que provocó que rechazarás a tus hijos y demás personas a tu alrededor. Puede ocurrir que este malestar inicie un ciclo donde creas que tú eres el culpable. Para evitarlo, no juzgues como mala la proyección o el resto de los mecanismos de defensa, acéptalos y de esta manera el deseo de seguirlos usando desaparece. Cuando esto ocurre se facilita el proceso de entender la realidad de manera diferente, y empieza a surgir la capacidad de ser más maduro y responsable con uno mismo y los demás.

¿Qué sigue después de la aceptación?

Empieza a cuestionarte la realidad que ves, por ejemplo, si culpas a tus hijos de rechazarte, empieza a preguntarte cómo los rechazas tú. En una situación cotidiana; cuando te sientas a ver televisión al llegar del trabajo en lugar de jugar un rato con ellos; o cuando atiendes el celular en casa en lugar de atenderlos a ellos. Entonces empiezas a entender que quizás sólo están reflejando lo que sientes en tu interior, esto no es malo ni bueno, solamente es lo que es. Si te enfocas en solucionarlo, el mismo proceso se facilitará y naturalmente iniciará el proceso de cambio.

Con respecto a las nuevas pautas mentales para trabajar las creencias, ¿de qué sirve repetirlas si no creo lo que dicen?

Las creencias que tenemos nos llevan a los problemas que tenemos en la actualidad; las nuevas pautas mentales de pensamiento permiten destrabar ese proceso repetitivo. Al principio lo que se requiere es la repetición de las frases, no importa si no las crees; la disposición de decirlas es un comienzo. Poco a poco se abre el entendimiento; lo importante es el cambio de actitud y la disposición para hacerlo. El proceso de cambio llevará el tiempo que deba llevar, cada persona es diferente y cada historia es única.

¿Cómo es posible que repetir una frase de una nueva pauta mental que no creo que me ayude a cambiar?

La actitud de cambio en las creencias es algo que cada uno deberá vivir como un proceso propio. Al principio, lo importante es la disciplina, la confianza y el deseo de mejorar como persona y como familia. La velocidad con la que esto ocurra dependerá de muchos factores que se escapan del control propio. Quizás deba preguntarse: ¿para qué repetir las mismas conductas si no me gusta lo que estoy viviendo? Es posible que inconscientemente desee repetir los patrones de crianza de sus padres al mantener el mismo nivel de consciencia de ellos por lealtad familiar; en todo caso es una posibilidad que trascienda el dolor emocional derivado de la crianza de sus padres, o que éste continúe en las generaciones futuras en su familia.

¿Para qué cambiar las creencias si está comprobado que funcionan si todos en la familia colaboran? Conmigo funcionó, ¿no debería funcionar también con ellos?

Los momentos históricos cambian. Hace cincuenta años, por ejemplo, la figura del adulto en general era respetada, los hijos obedecían a los padres, pero también el momento histórico ayudaba; el poder se ejercía de manera diferente, no existía la cultura de los derechos humanos ni la apertura para expresar las inconformidades: era obedecer sin cuestionar a la autoridad. Ahora es muy distinto. Es mejor aprovechar la oportunidad de trascender los miedos, dolores emocionales y otras cosas que repetimos en las familias, de hacerlo se crecerá como persona y sociedad, ¿no cree?

Conclusiones

Aprovechando las actividades que realmente disfrutas puedes incrementar tu sensación de bienestar. Sentirse bien es indispensable para mejorar la alegría de vivir, de gozar del presente y de conectarse con la totalidad, eso facilita la conexión e integración.

Las creencias son algo que en ocasiones nos limita y condiciona nuestra percepción de la realidad, si las creemos ciegamente podemos llegar a creer que nuestro punto de vista es el único válido; sin embargo, para estar en estado de paz interior es necesario aceptar que cada persona tiene derecho a pensar e interpretar la realidad desde su propia perspectiva y experiencia, la cual también tiene validez, aunque esta forma de ver el mundo esté en contradicción con la tuya. Recuerda que el mundo es diverso y hay que aceptarlo como es, esa es la condición para la sana convivencia, el respeto a uno mismo y a los demás.

Una creencia, como el sentirse rechazado en los primeros años de vida, puede extender el daño de una persona a lo largo de su vida; la víctima se convierte en victimario, la persona que se siente rechazada en realidad se rechaza a sí misma inconscientemente a través de las demás personas. Para darle sentido a su propio rechazo culpa a los demás de ello, porque intelectualmente no puede ver que es él mismo quien se niega a aceptarse y no se da permiso de gozar de la compañía de otras personas; quizás por el miedo de vivir el rechazo imprevisto que en ocasiones lo ha tomado por sorpresa, y con el tiempo aprende a andar por la vida en modo de rechazo permanente.

El deseo y necesidad de control es una ilusión que no te da permiso de disfrutar lo que ocurre en la realidad. Las cosas pasan de cierta manera, las personas toman sus propias decisiones, tú no tienes el control de ello; acéptalo, disfrútalo, la vida tiene sus propias reglas, eres sólo una parte del mecanismo, no quien dirige. Renunciar al control es una condición para la paz interior, para ver la realidad de una mejor manera y para incrementar tu funcionalidad en ella.

Reconocer los mecanismos de defensa hace posible que cuestiones tu percepción de la realidad, para ello hay que dejar de justificarse. Acepta que eres contradictorio, que tienes miedo cuando no sabes con certeza si podrás hacer algo exitosamente; el temor al fracaso a veces nos predispone a fallar, y esa creencia nos inclina a culpar a los demás, a ver las fallas del lugar en que estamos, en lugar de observar hacia dentro, y caer en cuenta de que necesitamos mejorar de nosotros mismos con objetividad y precisión.

No puedes vivir tu vida únicamente desde el intelecto, esa es una forma muy limitada de percibir la realidad: necesitas integrar la totalidad de tu ser en la percepción. Para ello deberás conectar con el presente, para que ni el pasado ni el futuro interfieran con tu percepción; para hacerlo precisas estar totalmente presente, lo cual sólo se logra desapegándote de tus creencias, expectativas y deseo de control. Esto para percibir la realidad objetivamente y operar en ella asertivamente desde tu ser.

Tomar una posición en un conflicto sólo hará que lo polarices; es mejor analizar los diferentes puntos de vista sin juzgar, esto te permite ampliar tu visión de las cosas. Cuando eliges un bando, un conflicto automáticamente adquiere fuerza y poder, situación que complica su manejo. Si formas parte de una familia u organización separada por un conflicto sabes lo difícil que es llegar a una solución pacífica; en ocasiones la situación no tiene tanta importancia, pero aun así la separación hace que la familia o la empresa en conflicto se destruya o llegue a estar en verdaderos problemas por un problema que podía haberse resuelto con más facilidad.

Debes aprender a desaprender: lo que más afecta a la paz mental viene de las creencias, estas te hacen suponer que tú sabes lo que es mejor para los demás. Defender ninguna creencia justifica perder la paz interior; lo que realmente vale la pena es eterno y no puede ser dañado, quitado, ni necesita defenderse: lo real no cambia, la ilusión sí. No te desgastes en defender tus creencias, ya que solamente vienen de la ilusión del mundo dual, el de la separación. No obstante, aunque pienses que únicamente estás aquí, en el mundo de la forma, eres parte de la consciencia, de la totalidad; en realidad eres de los dos mundos, carne espiritualizada y espíritu encarnado. Hay que darle importancia a los dos, ambos deben estar armonizados, y aceptar que en el mundo de la ilusión el cambio es constante, si lo juzgas como malo vas a sufrir y vivir una pesadilla por querer que las cosas sean como quieres que sean. En el mundo espiritual nada cambia ni muere. No puedes servir a dos amos, debes elegir sabiamente a cuál poner en primer lugar, de ello dependerá si eliges vivir en paz o en ansiedad y frustración constante. Eso es lo que te ofrece el mundo dual, efímero y en cambio constante. La elección depende de ti.

Conclusiones en frases cortas

- Yo no soy mis pensamientos, mi ser es la totalidad que voy integrando en mí.

- Yo no soy mis creencias, la mayoría de ellas sólo mantienen y fortalecen la ilusión.

- Yo no soy lo que creo, pero lo que creo concibe, literalmente, mi realidad.

- Yo no soy mis logros ni mis fracasos, solamente son ilusiones y etiquetas.

- Yo no soy mis miedos, mi ser es confianza y seguridad.

- Yo no soy lo que me gusta hacer, pero me ayuda a encontrarme.

- Yo no soy lo que veo, pero me ayuda a verme.

- Yo no soy mi nombre, esa es sólo mi etiqueta.

- Yo no soy mi profesión, pero es mi forma de servir.

- Yo no soy mis adicciones, es mi intento de escapar.

- Yo no soy mi intelecto, es solamente mi intento de entender el mundo.

- Yo no soy mi país, soy un proyecto del Universo.

- Yo no tengo enemigos, ellos son mis más grandes maestros.

- Yo no soy mis miedos, estoy por encima de ellos.

- Yo no tengo justificaciones, sólo formas de esconder mis miedos e inseguridades.

- Yo no soy algo terminado, me transformo cada segundo.

- Yo no soy lo que sé, pero sé lo que no soy.

*"Las tristezas no se hicieron para las bestias,
sino para los hombres; pero si los hombres las
sienten demasiado, se vuelven bestias".*

Don Quijote de La Mancha

Miguel de Cervantes Saavedra

Las emociones

Las emociones son mecanismos biológicos para asegurar la supervivencia del cuerpo: la ira sirve para defendernos o huir cuando estamos en peligro; el miedo para ponernos alertas y prepararnos para huir o atacar; la tristeza para tomarnos un tiempo para reflexionar cuando sufrimos una pérdida; el asco para protegernos de un envenenamiento, y la alegría para disfrutar de las cosas placenteras. Cada una tiene su utilidad para asegurar la supervivencia biológica, psicológica y social. Cuando hay un desequilibrio y nos apartamos de nuestro ser por mucho tiempo por una crisis repentina, un evento peligroso, maltrato constante por años, etcétera, cualquiera de estas situaciones mencionadas puede provocar que una de ellas prevalezca sobre las demás. Por ejemplo, si una persona pasa demasiado tiempo con temor, esta emoción —al no ser liberada— hace que la persona perciba como peligrosas las situaciones de su entorno, porque el cerebro tiende a generalizar. Esto, gradualmente, puede desgastar el organismo por estar siempre en modo de ataque o huida, sin permitirse un rato de disfrute o de descanso. Cuando esto sucede las personas andan a la defensiva, si son agresivas se convierten en personas violentas y si son tímidas se vuelven introvertidas y temerosas. Lo que provoca que se pierdan oportunidades de desarrollar su potencial, de conectarse con sus seres queridos y, por lo tanto, de conectarse con su ser.

Tradicionalmente, en la literatura académica, el tema de las emociones ha sido muy descuidado. Se veía como un asunto de voluntad; las personas debían ocultar sus emociones porque mostrarlas en público se consideraba signo de debilidad, particularmente para los hombres, los cuales debían ser valientes, decididos y fuertes. Esto ha provocado que en la mayoría de las culturas los hombres sean violentos y con poca inteligencia emocional; las mujeres, por otra parte, tienen un mejor conocimiento y manejo de sus emociones, porque al ser menos reprimidas tienen más libertad para expresarse, lo cual permite un poco más de salud en este sentido. Sin embargo, ambos tienen oportunidades limitadas para el conocimiento emocional y la expresión asertiva de las mismas. La mayoría de los adultos a cargo de la educación de los niños está poco capacitada para enseñarles las habilidades emocionales básicas.

La sociedad actual, que resalta la imagen, las compras y los logros profesionales, sociales entre otros, tampoco ayuda a la inteligencia emocional, ya que somos constantemente bombardeados por imágenes y mensajes que nos dicen que debemos tener cierto peso, talla, actitud o producto caro para ser considerado exitoso; si no lo tienes, eres un perdedor. Las generaciones nacidas en los últimos 50 años han sufrido un ataque constante a su autoestima y salud emocional; por ejemplo, los cuerpos de algunas mujeres mexicanas exigen un gran esfuerzo para ajustarse a los estándares de belleza que plantea el mundo de la moda, la dieta y estilo de vida no se los permite ni facilita, lo cual es una fuente enorme de estrés, provocando que la relación con la comida sea extremadamente difícil y conflictiva. El modelo económico tampoco ayuda, los sueldos en México son tan bajos que comprar los productos que la publicidad señala como indispensables es demasiado costoso, y adquirirlos implica un esfuerzo extraordinario para la mayoría de los mexicanos. Los padres andan tan ocupados en sus trabajos o actividades profesionales o de cualquier otro tipo que el tiempo para cuidar de sus hijos y familias está muy limitado, lo que también aporta al conflicto emocional, pues no están disponibles para orientar adecuadamente a sus hijos, al resto de la familia y, por supuesto, a sí mismos.

Tomando en cuenta este contexto de confusión emocional, esta sección del libro pretende ser una guía para ayudarte en el conocimiento e inteligencia emocional mediante una serie de once ejercicios prácticos que te darán la oportunidad de reflexionar y conocer tus emociones de mejor manera, lo que te permitirá tomar decisiones más acertadas y encauzar tu vida en una dirección más apropiada; es decir, te ayudará a ser más consciente: esto constituye la inteligencia emocional. Por ejemplo, resolver los ejercicios del tema anterior te permitió tomar consciencia de que lo que conoces como creencias no es necesariamente cierto, que debes dudar de ellas porque la información es contradictoria y poco confiable. Si sigues defendiéndolas ahora sabes que hacerlo es un acto de terquedad que no tiene sentido, a menos que quieras conscientemente vivir en el conflicto, así, en el tema emocional, revisaremos ese aspecto a profundidad a lo largo de los ejercicios.

Las emociones básicas

La sorpresa es un estado de alteración emocional, resultado de un evento inesperado o imprevisto. Puede tener cualquier valencia, es decir, puede ser neutral, agradable o desagradable.

El asco es la denominación de la emoción de fuerte desagrado y disgusto hacia sustancias y objetos desagradables o en estado de descomposición. A diferencia de otras formas menores de rechazo, el asco se expresa mediante violentas reacciones corporales, como náuseas, vómitos, sudores, descenso de la presión sanguínea e incluso el desmayo.

La tristeza puede ser un síntoma del trastorno médico de la depresión o la distimia, que se caracteriza por un abatimiento general de la persona, por el descenso de la autoestima y sentimientos de pesimismo. Bioquímicamente se asocia a un bajo nivel de serotonina.

La ira, cólera, rabia, enojo o furia es una emoción que se expresa a través del resentimiento o de la irritabilidad. Los efectos físicos de la ira incluyen un aumento del ritmo cardíaco, de la presión sanguínea y de los niveles de adrenalina y noradrenalina.

La alegría (del latín «*alicer*» o «*alecris*») es una emoción agradable o una sensación de satisfacción o placer de duración limitada. A menudo se toma como sinónimo de felicidad o placer.

Violencia intrafamiliar y repetición de patrones

José es un empleado que trabaja doble plaza como profesor; creció en una familia violenta donde su madre trabajaba como enfermera y su padre era adicto al alcohol y un empleado de una fábrica. Él y sus hermanos crecieron al cuidado de la abuela materna. Su madre se separó de su primer esposo por violencia y maltrato, el segundo era muy parecido; José creció en un ambiente donde los conflictos eran frecuentes, pero aprendió a vivir así; la violencia era vista como algo natural en su familia. José terminó su carrera docente y ese verano su novia se embarazó; tuvo una relación casual ese mismo verano que también resultó en un embarazo no planeado. Decidió juntarse con la mujer de la segunda relación; con ella continúa repitiendo el patrón de conducta de sus padres. Tiene problemas de alcoholismo y de manejo de la ira, al igual que su padre; su mujer es una esposa sumisa, al igual que su madre, y su hijo está resentido con su padre, al igual que él con el suyo. Se siente cansado en su trabajo, solamente espera los viernes para acallar sus emociones con alcohol en un patrón autodestructivo, mientras su hijo crece observando e interiorizando el ejemplo de sus padres.

Esta historia muestra la necesidad de comunicación, de que las personas de una familia platiquen de sus preocupaciones y temores, de aprender a disfrutar la convivencia sana en familia, probar formas de resolver los conflictos sin violencia y a acompañarse en familia en el proceso de enfrentar las dificultades que la vida plantea. La violencia generalmente es una situación a la que no se le reconoce y la gente frecuentemente niega, es como si inconscientemente aceptaran que deben ser castigados por sus culpas, es decir, que si alguien cree que es poco inteligente constantemente estará cometiendo errores por los cuales debe ser castigado; el alcoholismo ayuda a llevar las situaciones, como una especie de atolondramiento funcional que permite que todo siga en aparente normalidad, hasta que en algún lado se rompe el equilibrio.

Ejercicio 1

Reconozco mis emociones en diferentes contextos

Anota una breve descripción de las emociones más significativas durante siete días. Tomar consciencia de ellas es un proceso gradual, el siguiente formato puede ayudarte a identificar y reconocer tus emociones durante el día, registrándolas cada vez que rebasen un cierto nivel de intensidad, por ejemplo, en escala del uno al diez, considerando que uno es una emoción muy leve y diez es muy intensa. Puedes establecer un criterio para anotar las experiencias emocionales que son dignas de analizar. Sugiero considerar que escriba las emociones a partir de considerarlas un ocho o más, porque son importantes. Es preciso a tomar en cuenta que las personas no son culpables de las emociones que tú sientes, son tuyas y debes aprender a responsabilizarte por ellas, solamente así te será útil este formato en particular y este libro en general. Otro factor importante es que generalmente no nos permitimos identificar la emoción con suficiente claridad; por ejemplo, una persona agresiva puede reaccionar con ira frecuentemente, cuando en realidad lo que tiene es tristeza o miedo, pero no se permite sentirlo, expresarlo o pedir apoyo por sus creencias limitantes.

EMOCIÓN	PERSONAS INVOLUCRADAS	DESCRIPCIÓN

Después de llenar este cuadro durante al menos siete días podrás ubicar las emociones más repetitivas, las personas involucradas y los sentimientos asociadas a ellas. Esto te ayudara a conocerte mejor. Recuerda: tú eres responsable de tus emociones, deja de proyectar en los demás tu propio mundo emocional. ¿Cuáles fueron las emociones más repetitivas e intensas? ¿Qué las provoca? ¿Qué las mantiene, les da vida y las incrementa? ¿Hay algo que tú puedas hacer al respecto? ¿Alejarte? ¿Quitarle importancia mediante un cambio de actitud o enfoque? ¿Tiendes a culpar a las personas de tus emociones? ¿Por qué crees que ellos son responsables de lo que tú sientes? ¿Rescataste algo valioso de este ejercicio?

Ejercicio 2

Las emociones más recurrentes

Este ejercicio es una continuación del anterior, donde detectaste las emociones recurrentes y significativas. Aquí deberás identificar la emoción, ponerle nombre, ubicar en qué lugar ocurre y en la última columna describir la situación. Es importante describir con la mayor cantidad de detalles, recordando evitar culpar a los demás de tus emociones; toma responsabilidad de lo que sientes. Recuerda que las emociones son algo tuyo y que eres un adulto responsable en camino a la madurez.

EMOCIÓN	LUGAR CASA/TRABAJO	DESCRIPCIÓN

Elisabeth Kübler-Ross menciona las cinco etapas del duelo: negación, ira, negociación, depresión y aceptación; cuando las personas pasamos por un duelo generalmente nos quedamos en alguna de ellas. ¿Cuál es la emoción predominante? ¿Qué fue lo que perdiste? ¿Un ser querido? ¿Una posesión material importante para ti? ¿Una etapa de tu vida? ¿Una capacidad de tu cuerpo? Recuerda que nada es para siempre, que el cambio es la constante, que nosotros debemos adaptarnos a las diferentes etapas de la vida y transitar por ella como un viajero ligero de equipaje y dispuesto a gozar del camino.

Ejercicio 3

Identificando las emociones más recurrentes en la semana

A partir de la revisión del ejercicio anterior vas a seleccionar las emociones más recurrentes y las describirás lo más objetivamente posible. Recuerda no culpar a nadie de lo que sientes, hazte responsable de tus emociones como un adulto que eres o quieres ser. En el cuadro de la derecha intenta buscar la manera en que esa situación te permite conectar con la totalidad, quizás pienses que no conoces a tu ser, pero la intención de conocerlo hará que se te revele gradualmente; no te desesperes, el conocimiento llegará. Toda situación desfavorable es una oportunidad que el Universo te da para encontrarte: cuando sientes incomodidad emocional intensa y recurrente probablemente es un aviso de que debes moverte. Por ejemplo, si en tu casa te sientes como un prisionero, quizás sea tiempo de hablarlo con la persona que crees que te aprisiona; aunque debes recodar que nadie puede aprisionarte, sólo tú mismo. Cada una de las emociones intensas que anotes, si quieres, podrás aprovecharlas para tu desarrollo personal y madurez emocional.

EMOCIÓN	DESCRIPCIÓN	CÓMO ME CONECTA CON MI SER
Ejemplo: siento ira intensa y repentina.	Ejemplo: cuando estoy leyendo algo interesante y llega alguien a interrumpirme.	Ejemplo: tengo la oportunidad de desapegarme de la ira, pido al Universo poder ver mi trabajo, mis emociones y mi ser de otra manera.

¿Qué te dejó este ejercicio? ¿Pudiste ubicar cómo las emociones te conectan con tu ser? ¿Se te facilitó ubicar tu ser? ¿Estás dispuesto a aprovechar la oportunidad de hacerlo? ¿Cuáles serían las ventajas de conectar con tu ser a partir de las emociones?

Ejercicio 4

Estrategia para atender tus necesidades emocionales

En este ejercicio podrás dar rienda suelta a tu imaginación para reconocer, detectar y atender tus necesidades emocionales. Recuerda que no hay emociones malas, lo que no es positivo es vivir anclado a una emoción intensa porque no te permite disfrutar de la vida; todas las emociones son importantes y todas ellas deben tener su lugar en tu vida. Lo importante de las emociones bloqueadas es la oportunidad que te brindan de hacer consciencia de tus necesidades. Por ejemplo, si frecuentemente estás triste necesitas un tiempo para reconocer y vivir tu tristeza, así como reflexionar sobre lo ocurrido recientemente en tu vida. Cuando las personas no aceptamos perder una persona, propiedad o trabajo por considerarlo muy valioso y significativo en la vida, tendemos a resistirnos a la perdida; agradece al Universo la oportunidad que tuviste de gozar de su presencia el tiempo que duró, atesora lo vivido, libera la tristeza y acepta las nuevas oportunidades que te brinda la vida. Cierra ese ciclo y disponte a vivir de nuevo.

EMOCIÓN	NECESIDAD	ESTRATEGIA DE SOLUCIÓN
Ejemplo: me da **miedo** iniciar mi proyecto.	Ejemplo: liberar mi miedo; atreverme a avanzar.	Ejemplo: empezar a prepararme para echar a andar mi proyecto, aprovechar el tiempo disponible para ello y dejar de distraerme. Leer todo cuanto necesite; escribir mis avances y metas. Entregar mis talentos y habilidades al Universo para que haga y deshaga lo necesario; desapegarme del resultado.

¿Qué emociones sientes que te dan problemas? Generalmente el miedo es una de ellas. La sociedad actual nos programa para tener miedo, creemos que no podemos confiar en las personas porque nos traicionarán. La vieja frase: "A las mujeres ni todo el amor ni todo el dinero" resume el miedo ancestral a conectarnos con otro ser humano. Esta frase aplica directamente a los hombres, pero hay algunas similares que aplican a las mujeres, como: "Los hombres son infieles por naturaleza". La verdad es que nos necesitamos unos a otros para vivir de manera más sana, la colaboración puede aligerar la carga que creemos que significa vivir. Otra emoción recurrente es la culpa; que, en ocasiones, inconscientemente, nos negamos a sentir por enojo o si nos portamos con demasiada dureza con alguna persona. La culpa inconsciente puede sentirse como ira o tristeza dependiendo de cómo acostumbres disfrazar tus emociones, o si las vives desde lo masculino o lo femenino. Al ocultarse la verdadera emoción inconsciente se dificulta liberarla y tiende a bloquearse en nuestro cuerpo, por lo tanto, es necesario conocer a profundidad el estado emocional para aprender a reconocerlo y liberarlo de manera apropiada.

¿Se te dificultó encontrar alternativas de solución para las necesidades emocionales identificadas? ¿Estás dispuesto a intentarlo? Recuerda, las emociones son la voz que nos dice que debemos hacer algo para solucionar una incomodidad: alejarte, dialogar, establecer nuevos acuerdos, cambiar de actitud, respetar y aceptar las diferencias, esas son las estrategias básicas para empezar a atender las necesidades emocionales.

Ejercicio 5

Escala para reconocer e identificar emociones

RASGO	EMOCIÓN PROBABLE	SIEMPRE	CASI SIEMPRE	CASI NUNCA	NUNCA
1. Me siento muy molesto contra alguien o algo.	IRA				
2. Me siento muy solo y distante de la gente.	MIEDO				
3. Me siento preocupado.	MIEDO				
4. Estoy contento porque tengo buenos amigos y amigas.	ALEGRÍA				
5. Siento miedo de lo que pueda suceder.	MIEDO				
6. Hay algo que me motiva y me estimula.	ALEGRÍA				
7. Me siento deprimido y sin ánimo.	TRISTEZA				
8. Me siento lleno de energía y salud.	ALEGRÍA				
9. Me siento muy cansado.	MIEDO				
10. Me siento inquieto y no puedo permanecer sentado en la silla.	MIEDO				
11. Siento que me divierto mucho.	ALEGRÍA				
12. Me siento alegre y feliz.	ALEGRÍA				
13. Siento ganas de llorar.	TRISTEZA				
14. Me siento seguro con respecto al futuro.	ALEGRÍA				
15. Me siento aburrido.	TRISTEZA				
16. Me siento satisfecho con mis logros.	ALEGRÍA				
17. Digo las cosas sin pensar y me meto en problemas.	TRISTEZA				
18. Puedo controlar mis respuestas emocionales.	ALEGRÍA				
19. Estoy satisfecho conmigo mismo.	ALEGRÍA				
20. Estoy satisfecho con mi familia.	ALEGRÍA				
21. Estoy satisfecho con mi trabajo.	ALEGRÍA				
22. Estoy en paz con la vida.	ALEGRÍA				

¿Cuáles son las emociones más recurrentes que detectaste? Las que pueden detectar áreas de oportunidad son las que marcaste con nunca o siempre, dependiendo de los efectos positivos o negativos que tengan en tu vida

Cada emoción tiene su propio beneficio en tu vida. Por ejemplo, la tristeza puede darte un tiempo para reflexionar sobre algo que aparentemente perdiste —el tiempo de duelo puede ayudarte a ver una oportunidad de transformación ante la pérdida, y ese momento te da la oportunidad de un nuevo comienzo—; la ira puede defenderte y poner límites; la alegría te permite disfrutar del presente, y el miedo te permite alejarte del peligro.

Este cuadro muestra algunas de las creencias y cómo pueden aportar algo positivo o negativo en tu vida dependiendo de tu situación personal y lo que hagas con ellas.

ASPECTO SIGNIFICATIVO	POSITIVO	NEGATIVO
1. Me siento muy molesto con alguien o algo.	Es una oportunidad para reflexionar sobre las cosas que estás viviendo y cómo proyectas tus emociones en los demás.	Si solamente te quejas y no haces nada por mejorar desde tu interior, la ira te puede sumergir más en la oscuridad y el resentimiento.
2. Me siento muy solo y distante de la gente.	Es una oportunidad para que te acerques a ti mismo, que te escuches y comprendas.	Si te aíslas perderás la oportunidad de conectarte contigo mismo y los demás.
3. Me siento preocupado.	Puede darte la oportunidad de entregar tus preocupaciones a un ser superior.	Si le das poder a la preocupación puede mantenerte en la oscuridad de tus miedos.
4. Estoy contento porque tengo buenos amigos y amigas.	Es muy positivo estar rodeado de buenos amigos que te apoyan.	Si para mantener tus amistades debes hacer sacrificios esto puede generar resentimiento.
5. Siento miedo de lo que pueda suceder.	Te da la oportunidad de entregar tus miedos a un ser superior.	El miedo puede mantenerte en la carencia. Tu ser esta más allá del miedo.
6. Hay algo que me motiva y me estimula.	Es muy positivo mantenerse lleno de energía.	Si la motivación se pierde se puede perder el empuje.
7. Me siento deprimido y sin ánimo.	Es una oportunidad para entregar la depresión a un ser superior.	La depresión puede mantenerte alejado del mundo por un tiempo.

8. Me siento lleno de energía y salud.	Esto es muy positivo.	No tiene.
9. Me siento muy cansado.	Es una oportunidad para entregar el cansancio a un ser superior y revisar si lo que haces viene desde el amor o el miedo.	El cansancio puede evitar que te esfuerces por una mejor forma de vivir y encadenarte a un trabajo que no te gusta.
10. Me siento inquieto y no puedo permanecer sentado en la silla.	Es una oportunidad de entregar la inquietud a un ser superior y buscar un espacio para la quietud mental.	La inquietud no te deja concentrar para atender los problemas con suficiente profundidad. Hay que buscar la corrección del error de percepción.
11. Siento que me divierto mucho.	Divertirse es algo positivo para la salud mental.	Puede ser que te distraiga de las prioridades de la vida.
12. Siento ganas de llorar.	Llorar es algo muy saludable para liberar la tristeza.	Si lo haces demasiado tiempo puede provocar que te alejes mucho tiempo de vivir en el presente.
13. Me siento seguro con respecto al futuro.	Es algo muy positivo.	Puede hacer que te confíes en exceso.
14. Me siento aburrido.	Es una oportunidad para explorar nuevos campos de interés y de acción.	Si te quedas en el aburrimiento puedes estancarte.
15. Me siento satisfecho con mis logros.	Es muy positivo el sentirse satisfecho.	Puede limitarte en querer extender tu zona de confort.
16. Digo las cosas sin pensar y me meto en problemas.	Esto es una oportunidad para desarrollar asertividad y autocontrol.	Sólo es negativo si te castigas y juzgas por ello.
17. Puedo controlar mis respuestas emocionales.	Esto es algo muy positivo, pero cuida de no excederte en el control, aprovecha la oportunidad de la comunicación asertiva.	Si te controlas en exceso puede ser nocivo para tu salud emocional por no permitirte expresarte.
18. Estoy satisfecho conmigo mismo.	Es algo muy positivo, la satisfacción personal ayuda a la alegría de vivir.	Sólo si te estanca y evita que extiendas tu zona de confort.
19. Estoy satisfecho con mi familia.	Es algo muy positivo, la familia brinda soporte y apoyo emocional.	Solamente si cedes demasiado en tus relaciones para evitar conflictos.
20. Estoy satisfecho con mi trabajo.	Es algo muy positivo, el trabajo puede ayudar a la realización personal cuando amas lo que haces.	Si te estanca y cedes en demasiadas cosas para evitar conflictos.
21. Estoy en paz con la vida.	Es algo muy positivo; estar en paz con la vida es muy saludable.	Si te estanca y evita que extiendas tu zona de confort.

Ejercicio 6

Reconoce las emociones que te producen insatisfacciones importantes en tu vida

Identifica las emociones o rasgos en los que detectaste alguna insatisfacción significativa y descríbela ampliamente. ¿Qué detectaste que le falta a tu vida? ¿Qué depende de ti? ¿Qué depende de los demás? ¿Debes seguir ahí? ¿Debes alejarte? ¿Estás actuando desde el miedo o desde el amor?

	EMOCION/RASGO	NIVEL DE INSATISFACCIÓN (uno al diez)	DESCRIPCIÓN
1	Molestia/ira.		
2	Soledad.		
3	Preocupación.		
4	Alegría/amigos.		
5	Miedo.		
6	Motivación.		
7	Depresión.		
8	Energía/salud.		
9	Cansancio.		
10	Inquietud.		
11	Diversión.		
12	Alegría.		
13	Ganas de llorar.		
14	Confianza con respecto al futuro.		
15	Aburrido.		
16	Satisfacción.		
17	Moderado uso del lenguaje.		
18	Control respuesta emocional.		
19	Satisfacción personal.		
20	Satisfacción familiar.		

21	Satisfacción profesional o laboral		
22	Sensación de paz con la vida.		

Este ejercicio está diseñado para que tomes consciencia de lo que te provoca insatisfacción, recuerda que lo que tú consideres más importante es a lo que deberás darle prioridad. ¿Es tu vida y tus gustos lo principal para ti? ¿Es la familia? ¿Es tu trabajo o profesión? ¿Es un punto medio? En la película *Espanglish,* estelarizada por Adam Sandler y Penélope Cruz, la suegra del personaje principal, una mujer alcohólica y soltera, le dice a la sirvienta mexicana: "Yo viví de manera egoísta para satisfacer mis antojos, tú vives para satisfacer las necesidades y gustos de tu hija, ambas estamos viviendo equivocadas". Cuando una persona se enfoca en sólo una cosa o aspecto de su vida probablemente terminará arrepintiéndose de ello; pero así es las vida, cada uno deberá recorrer su propio camino, así como los personajes de esa película.

Ejercicio 7

Las emociones que más me cuesta expresar

El entrenamiento emocional es algo nuevo; hasta hace poco, las personas creíamos que el control emocional era algo de cada quien y que debías mantenerlo oculto sólo para ti. Sin embargo, con el cambio de valores que trajo consigo la globalización esto se complicó, estamos inmersos en la frustración, la decepción, la ira y el temor. El amor, por ejemplo, es una emoción o sentimiento que es difícil de expresar por algunas personas que se sienten cohibidas ante las muestras de afecto o brindar cariño.

El siguiente formato te dará la oportunidad de que reflexiones un poco sobre tu situación personal en cuanto a la expresión de emociones. A la derecha agrega la nueva pauta de pensamiento y de acción a emprender; recuerda que si continúas haciendo lo mismo los resultados serán iguales, nunca es tarde para implementar cambios; los cuales al principio son difíciles, pero con la práctica se facilitan; tal y como cuando empezaste a andar en bicicleta: al principio conducías lleno de temor, pero con la práctica ganaste confianza, libertad y disfrute. Así será con estos ejercicios, poco a poco te conducirán a la libertad y a la paz interior.

EMOCIÓN	DESCRIPCIÓN	NUEVA PAUTA DE PENSAMIENTO/ACCIÓN
Ejemplo: tristeza/llanto	Ejemplo: se me dificulta mucho expresar llanto en público, me da pena llorar, siento que es inapropiado llorar en público para un hombre como yo.	Ejemplo: el llanto es una emoción igual para hombres y mujeres. Estoy dispuesto a permitirme llorar en público. Entrego al Espíritu Santo mi tristeza y demás emociones.

¿Qué detectaste en este ejercicio? ¿Eres libre para expresarte emocionalmente? ¿Algo te frena? ¿Una creencia cultural? ¿Una actitud personal? ¿A qué voz le estás prestando atención?

Ejercicio 8

Definiendo mí ser a través de las emociones descritas anteriormente

En el ejercicio 5 describiste las emociones que más te cuesta expresar; dichas emociones te acercan a tu ser, no porque sean tu ser, sino porque no lo son. En el ejemplo del ejercicio anterior la persona del sexo masculino tiene miedo de llorar en público porque le da asusta mostrarse como alguien vulnerable, considerándolo inapropiado. ¿Qué tiene que ver eso con su ser? Mucho, porque no está expresando lo que siente. En el día a día las personas podemos sentir tristeza y ganas de llorar, pero esa tristeza es algo momentáneo; cuando lloras un poco liberas esa emoción y un momento después te sientes bien; si no lloras, esa emoción está contigo mucho tiempo. Es como si sudaras mucho y no te bañaras ni cambiaras de ropa y después de unos días de no bañarte empezarás a oler mal, entonces al bañarte te liberas del mal olor y ya estás limpio de nueva cuenta. Al llorar sucede algo similar, el llanto limpia al cuerpo de las emociones de tristeza y te libera de ellas. Entonces, ¿qué tiene que ver el llanto y la tristeza con tu ser? Pues que al liberarlas te das cuenta de que tú no eres tristeza, no eres pesadumbre ni frustración. ¿Los hombres no lloran? Claro que sí, eres libertad, eres emoción que fluye y se transforma, eso tiene que ver con tu ser, ¿lo entiendes? Descubres tu ser a partir de lo que no eres, pero debe ser experiencial; debes conectar con la experiencia, no sólo intelectualizarla o ignorarla. En el cuadro siguiente tienes la oportunidad de expresar este ejercicio por escrito.

EMOCIÓN	CAMBIO IMPLEMENTADO	CONEXIÓN CON MI SER
Ejemplo: llanto reprimido.	Ejemplo: empiezo a liberar el llanto, me doy permiso de llorar.	Al liberar mi tristeza soy libertad, no soy represión ni frustración o miedo, soy confianza.

Ejercicio 9

Identifica las emociones que rechazas y valora lo que aportan a tu vida

En el primer recuadro escribe las emociones que no te gustan y de las que quisieras liberarte, a la derecha describe el motivo y en el tercero escribe lo positivo que dicha emoción aporta a tu vida. Este ejercicio servirá para que inicies el proceso de reconciliación con dichas emociones.

EMOCIONES QUE RECHAZO O QUISIERA NO TENER	DESCRIPCIÓN	LO POSITIVO QUE APORTA A TU VIDA/OPORTUNIDAD QUE TE BRINDA
Ejemplo: el miedo en ocasiones me paraliza.	Ejemplo: cuando trato de hablar con alguien sobre algo que me disgusta. Cuando hay que abordar ciertos temas no me atrevo y pospongo el diálogo, lo que provoca que la situación no se resuelva apropiadamente. No logro expresar mi sentir asertivamente.	Ejemplo: enfrentar mis temores y disponerme a dialogar confiando en que todo estará bien.

Una forma de meditación para las emociones es observarlas sin juzgarlas; percibe cómo se alojan en ciertas partes de tu cuerpo, cómo lo tensionan y hacen que acumule energía; siente tu cuerpo, la energía mental y emociona; examina tus pensamientos para darte cuenta cuáles alimentan a la emoción, no te resistas a ellos, obsérvalos pacientemente. Posteriormente cambia tu atención al espacio entre una y otra idea, ese vacío en tu mente es lo que les permite ser al pensamiento y a la emoción. Acoge ese momento, ahí está tu ser, en esa parcela fuera del espacio tiempo y de la forma —el campo de las posibilidades infinitas— que permite que la realidad sea. Esta sencilla práctica te llevará a comprender la práctica de la creación emocional consciente, detectando cuáles pensamientos están poblando tu mente y alimentando las emociones que forman los patrones inconscientes de tus sentimientos y pensamientos. Recuerda que tu mente no es tuya, la heredaste de tus padres y ancestros, junto con los sentimientos y emociones, y se alimenta mediante el funcionamiento biológico, químico, mental y psicológico de tu cuerpo; el cual es espíritu y materia, y te permite coexistir en ambos mundos interrelacionados. La negatividad te ancla al mundo material y el espíritu al mundo correspondiente; tu atención es la batería que alimenta a uno u otro. ¿Cuál alimentas más seguido? ¿Cuál es más fuerte? Probablemente no eras consciente de esta posibilidad y estabas alimentando al que más te debilita, pero tal vez es tiempo de comenzar a crear desde la consciencia.

Ejercicio 10

Identifica las emociones que te gustan y lo que aportan a tu vida

Escribe las emociones que te gustan y describe brevemente la situación en que ocurren; en la columna final escribe lo positivo que aporta a tu vida cada una.

EMOCIONES QUE ME GUSTAN O QUISIERA TENER SIEMPRE	DESCRIPCIÓN	LO POSITIVO QUE APORTA A TU VIDA/OPORTUNIDAD QUE TE BRINDA
Ejemplo: me gusta sentirme alegre y lleno de energía.	Ejemplo: cuando hago lo que me gusta me siento lleno de energía y alegría de vivir.	Ejemplo: cuando me siento alegre disfruto de lo que hago, esa alegría facilita la conexión con mi ser.

Es cierto que la alegría es la emoción más placentera, la cual quisiéramos que durara para siempre; no obstante, nuestro mundo emocional, al igual que todo en la vida, es por ciclos, los cuales deberemos cerrar para fluir con la vida. Así como transitamos por las estaciones del año también debemos pasar por las diferentes emociones y etapas de la vida; hay que extender la alegría a las diferentes situaciones, aun en las que no nos gustan. Por ejemplo, si uno de tus hijos no te obedece, alégrate de tener la oportunidad de ser más creativo para comunicarte con él, para lograr que te escuche y acepte lo que le dices. Toma la oportunidad de vivir una experiencia novedosa que te exige más de lo que has dado para que extiendas tu potencial y logres más. Al hacerlo con alegría y buena disposición naturalmente fluyes mejor con la vida y es más probable que logres lo que quieres o necesitas.

Ejercicio 11

Identifico fortalezas y debilidades para diseñar un plan de trabajo a partir del conocimiento de mis emociones

Anota en el cuadro las fortalezas detectadas en los ejercicios previos y cómo las vas a utilizar para tu autoconocimiento y paz interior.

FORTALEZAS	CÓMO LAS APROVECHARÉ PARA EL AUTOCONOCIMIENTO Y LA PAZ INTERIOR
Ejemplo: me doy tiempo para cuestionar mis creencias durante el día.	Ejemplo: cada día dedicaré un tiempo para ello; analizaré mis juicios y me perdonaré por las veces que necesite hacerlo, evitando culparme a través de otros.

Anota en el cuadro las áreas de oportunidad detectadas en los ejercicios previos y cómo las vas a trabajar para tu autoconocimiento y paz interior utilizando las emociones como recurso.

ÁREA DE OPORTUNIDAD	CÓMO LA TRABAJARÉ PARA EL AUTOCONOCIMIENTO PERSONAL Y LA PAZ INTERIOR
Ejemplo: tiendo a juzgar las personas y las situaciones como buenas o malas y eso me hace enojar conmigo mismo.	Ejemplo: me perdono por juzgarme a mí mismo; entrego mis juicios y falta de perdón al Espíritu Santo o inteligencia superior que sustenta la vida, pues reconozco que me siento demasiado tentado a juzgar y no sé cómo dejar de hacerlo.

Resumen

Al hacer consciente las emociones liberas un gran peso de tu vida, porque reprimirlas o negarlas es darles poder, un poder que no deberían tener sobre ti. Las emociones no son culpables de tus creencias sobre ellas, pero al ser reprimidas puedes llegar a creer que sí lo son de tu malestar. Una persona con depresión, por ejemplo, puede pensar que la tristeza es algo malo en su vida, porque no le permite divertirse o comportarse como una persona bien adaptada; sin embargo, el problema es la creencia de que debe estar triste y no permitirse la alegría lo que puede ser la causa de que permanezca bloqueada en la depresión. Cuando tomamos consciencia de ello y comenzamos a implementar cambios, como permitirse vivir la tristeza, escucharla, acompañarla, sacarla a pasear, atenderla y entenderla, poco a poco te permitirá el gozo y la alegría; puedes salir del bache en que estabas atrapado. Parte de la proactividad en lo emocional es la necesidad de entender que las emociones son útiles y necesarias pero no deben durar mucho tiempo; si dejas que una emoción se quede mucho tiempo te bloqueas. Para salir de la situación debes desapegarte de ella, observarla, comprenderla, aceptarla, amarla, escucharla, liberarla y, por supuesto, cuidar los pensamientos que te pueden anclar en ella. Apóyate en tu red de amigos que puede ayudarte emocionalmente.

La tristeza es una especie de mensajero que te dice que debes tomarte un tiempo para reflexionar por qué perdiste algo o a alguien que era valioso para ti; es tiempo de llorar la pérdida, de reflexionar en ella, de soltar lo que perdiste, despedirte, agradecer lo vivido y aprendido en esa etapa, cerrar el ciclo y continuar dispuestos a comenzar de nuevo, más fuertes y sabios.

Las emociones permiten el deseo de moverte, las creencias te dicen cómo, cuándo y por qué debes hacerlo. Cuando sincronizas creencias y emociones, y las ves como algo positivo, te permites comportamientos sanos y adaptados sin violencia, la cual es una respuesta desadaptada que vulnera los derechos de las personas más débiles y mantiene la culpa, la ira y la tristeza como emociones recurrentes que bloquean la madurez emocional. También puede mantenerte en el papel de víctima o victimario y alejarte del bienestar, la salud, la cultura de la paz y la sana convivencia.

Sugerencias:

Deja de rechazar tus emociones. Resistirse a una emoción solamente la fortalece. Por ejemplo, si quieres evitar la tristeza, ésta se adueñará de tu mundo emocional y de tu vida. Acoge cada una de tus emociones con cariño, reflexiona sobre ellas y cierra el ciclo mediante un acto simbólico. Por ejemplo, si extrañas mucho a un ser querido que falleció, o te abandonó, no te niegues a vivir la tristeza: acógela, vívela. Si deseas hacerlo escribe una carta de despedida y describe en ella cuánto le extrañas; agradece lo vivido en su compañía, léela en voz alta y entierra la carta en una maceta o suelta un globo: despídete de la tristeza y decide vivir el presente con la experiencia que te aportó el dolor de la pérdida de esa persona y la alegría de vivir el presente.

Vive desde el amor. Haz lo que amas y si no puedes, entonces ama lo que haces, porque ese trabajo o profesión te permite llevar comida a tus hijos y pagar tus recibos; además, te facilita vivir más alegre y satisfecho usando tus talentos en una actividad que realizas conscientemente y le aporta algo positivo a tu comunidad y a tu ser. Si no puedes amarlo, entonces deja de hacerlo y busca otra opción más adecuada para ti, donde puedas vivir y trabajar desde el amor. Esto es importante para la salud emocional: es una deuda que tienes contigo mismo y con el Universo.

Entra en coherencia. Al decidir hacer las cosas por amor eres coherente, porque tanto el cerebro como todos los sistemas del cuerpo funcionan en armonía; tienes paz interior y vives en el presente, y la mente y el corazón están alineados. Lo que decides lo haces desde el amor y la aceptación.

Entrega tus preocupaciones y miedos a un ser superior. Es evidente que el exceso de información contradictoria dificulta la comprensión total de una situación. En ocasiones las dudas y preocupaciones hacen difícil actuar asertivamente ante algunos problemas de nuestra vida que nos paralizan por su complejidad; mismos que, en ocasiones, los vemos como demasiado arduos para resolverlos por nosotros mismos. Una ayuda para ello es dejar de preocuparse y dejar que las cosas tomen su rumbo, confiando en la sabiduría del Universo. Esta sensación de desapego y confianza es de gran ayuda para despejar la mente, al hacerlo comienzas a ver la situación de forma diferente; ahí es cuando aparecen las oportunidades que antes tu mente confundida no podía ver: de pronto el asunto complicado se vuelve más manejable.

Haz conscientes las heridas emocionales. Muchas veces no permitirse sentir incomodidad emocional es un factor inconsciente que hace que algunas personas permitan y callen la violencia en casa. Esta se instala en las familias como una situación cotidiana que alcanza una normalidad que, en ocasiones, se ve como algo gracioso, ejemplo de esto es el uso de "la chancla" como correctivo disciplinario.

Utiliza estrategias para liberar emociones: Llorar, escribir, hacer deporte, meditar, escuchar música, bailar, cantar, hablar, conectar con la naturaleza y cocinar entre otras actividades que facilitan el proceso de liberación emocional.

Preguntas y respuestas

Es muy molesto e incómodo sentir las emociones dolorosas. ¿Por qué debo hacerlo?

El dolor —y la incomodidad— es una condición para el desarrollo de la inteligencia emocional; para lograrlo no existen los atajos, debes ser honesto contigo mismo, dejar de justificar lo que haces y de culpar a los demás de lo que te sucede, es preciso que te atrevas a cruzar esa puerta para que la verdad se empiece a revelar. La pregunta no es ¿por qué hacerlo?, sino: ¿para qué hacerlo? Parece lo mismo, pero hay una diferencia de fondo que entenderás conforme avances en el proceso. Una probable respuesta de para qué hacerlo es para "trascender el dolor y el resentimiento".

¿Por qué debo hacerlo yo? Es un sacrificio ¿No puede hacerlo alguien más capaz o dispuesto que yo?

El proceso de trascender el dolor y el resentimiento es personal; para ello se comienza con la intención. Una vez hecho esto el proceso se revela a sí mismo, de manera que aparecen los apoyos para hacerlo: personas, libros, momentos, maestros y oportunidades. Todo se va respondiendo, aclarando y despejando. Al principio puede parecer sacrificio, pero con el tiempo uno entiende que no sacrificó nada, sólo se liberó de lo que le estorbaba para llegar a la plenitud y la salud mental.

¿Cómo es posible que digas que no existan emociones negativas o malas? ¿Entonces por qué me producen dolor si no son malas?

Cada emoción tiene una función importante para la supervivencia, sin ellas estaríamos perdidos en un mundo sin sentido. Su función es movernos y despertarnos, como cuando amanece y la alarma suena para avisarnos que es hora de levantarnos. Algo así hacen las emociones: nos indican que es tiempo de movernos. Podemos interpretar su llamado de diferentes maneras dependiendo del nivel de consciencia; por ejemplo, para una persona iracunda sería el momento de empezar a enojarse por todo lo que ocurre, proyectando en los demás su propio mundo emocional y así iniciar el día con la emoción predominante, como un automóvil que tiene dañada la transmisión y sólo le funciona un cambio, entonces para iniciar la marcha o para aumentar la velocidad hay que forzar el mecanismo. En este sentido, ciertas emociones son malas solamente si te niegas a sentir esa emoción por que te produce incomodidad, dolor o vergüenza. Ciertas personas te crearán momentos difíciles para que despiertes; esos son los maestros que al principio parecen enemigos pero que están ahí para despertarte por medio de "esas emociones negativas", que se convierten en "emociones buenas" si te mueven hacia la consciencia, la comprensión, la tolerancia, la aceptación y el amor.

Entonces, ¿qué debo hacer para enojarme menos?

El enojo es una emoción importante cuya función es defender lo que consideras tuyo y poner límites. Quizás la pregunta es ¿para qué me enojo? Entonces, la respuesta podría ser que te enojas para trascender la herida emocional inconsciente. Por ejemplo, si te enojas porque algunas personas no te obedecen y las rechazas, quizás tampoco haces caso de tus necesidades reales; el enojo está ahí para avisarte que algo no está funcionando, entonces deberás poner atención a tu cuerpo, que probablemente te dirá lo que ocurre cuando logres serenarte y estés dispuesto a escuchar. Los motivos de la emoción de molestia generalmente son nuestras heridas emocionales que no han sanado aún; las heridas son cinco: abandono, rechazo, injusticia, traición y humillación. Cuando hay un bloqueo emocional, por lo general, esto es lo que hay que buscar para hacerlo consciente.

¿Qué puedo hacer para soportar las emociones que no me gustan?

Lo primero es aceptar que las emociones están ahí para protegerte; probablemente el miedo te hace ver peligros en lugares donde realmente no los hay, pero puedes creer que sí son reales; si lo crees, el inconsciente no tiene capacidad ni intención de contradecirte. Hay teóricos que dicen que el inconsciente se alimenta de conflictos y que éstos lo hacen más fuerte. Se debe hacer un alto y respirar con calma, sosegarse, porque una mente calmada funciona mucho mejor; poco a poco la verdad se te revelará. Tu propia mente atemorizada es como una batería que alimenta al mundo de la ilusión y lo hace más real para ti. En la medida que dejas de identificarte con tu emoción te conectarás más con la parte espiritual, que es tu ser.

El dolor emocional es muy real. ¿Cómo lo puedo disminuir o evitar?

Curiosamente, cuando tratas de evitar algo lo que haces termina provocándolo; esto es porque nuestro inconsciente no conoce el no, sólo el sí. Si no quieres enojarte alguien llegará y hará algo que provoque tu enojo; sin embargo, no fue esa persona lo que lo provocó, la causa podrás encontrarla, con la mente despejada, en tu interior. Debes enfocarte en mantenerte calmado y en estado de serenidad para que puedas ver, sentir, escuchar y entender mejor tu realidad.

Hay emociones como el miedo y la ira que me hacen daño, ¿no las convierte esto en emociones negativas?

Recuerda la función de las emociones: están ahí para moverte y protegerte. ¿Cómo podrían ser malas o negativas? Si crees que lo son es que hablas desde un ser imaginario, algo que tú mismo construiste con tu mente. Ese ser imaginario es el que mantiene la ilusión del dolor y se fortalece con tu preocupación y miedo; seguramente para ese ser ficticio sí existen emociones negativas, pero para tu ser real no, porque tu ser no está en tus emociones, es algo mucho más complejo. Esto lo descubrirás conforme avances en el autoconocimiento.

Entiendo parcialmente lo explicado, pero una parte de mí se molesta mucho al escucharlo y no comprende. ¿Está bien?

Entender las cosas de forma diferente a como acostumbramos es complicado. Llevamos tantos años viviendo en la ilusión que es perfectamente normal que cuando alguien aparece y nos habla de modo distinto nos produzca conflicto. Cada uno de nosotros tiene la libertad y posibilidad de explicarse el mundo; el problema aparece cuando esta realidad nos genera demasiado conflicto y debemos comenzar a resolverlo. Claro que está bien entender parcialmente, así es como uno se apropia del conocimiento a un paso propio. Lo importante es escuchar y seguir la voz interior que habla desde el corazón y empezar a prestarle menos atención a la mente, la cual suele hablar desde la ilusión: que vive del conflicto y la separación. Esa sensación contradictoria es el comienzo de la necesidad de un cambio en la percepción; implica la aceptación de ser un humano imperfecto aparentemente lleno de dudas e inseguridades cuando vive desde el ego.

Conclusiones

Las emociones son respuestas biológicas que nos mueven para acercarnos a lo placentero, alejarnos del dolor o el peligro de muerte y asegurar nuestra supervivencia. La frecuencia y repetición constante de pensamientos de preocupación, miedo o critica, hacen que el cuerpo reaccione desfavorablemente, liberando cortisol y adrenalina, entre otras cosas dañinas para la salud, si se mantienen en el organismo por mucho tiempo. Esta forma de vida es muy extenuante: el cansancio y agotamiento terminarán, quizás, por vencerte y enfermarte.

Estar en modo defensivo la mayor parte del tiempo hará que distorsiones tu percepción y que veas peligro donde hay oportunidades, enemigos donde hay amigos y peligro donde hay seguridad. Para evitarlo es necesario dejar de usar los mecanismos de defensa y justificaciones habituales, revisando los hechos de la convivencia con calma. Acepta que a veces reaccionas en exceso ante situaciones que no son tan graves ni importantes y que estar en modo defensivo reduce tus oportunidades de aprendizaje de las experiencias cotidianas.

Date permiso de conocer, de sentir tus emociones plenamente; es la condición para el autoconocimiento. Reconoce que sin las emociones estaríamos en una especie de vida sin sentido, donde daría lo mismo una cosa que otra. La posibilidad e intención de desarrollar inteligencia emocional es lo que puede acercarte al conocimiento del ser, evitando juzgar como malas o negativas ciertas emociones que incomodan, ya que son necesarias para vivir conscientemente. Al explorarlas con detenimiento estarás en camino de desarrollar el conocimiento de una parte de tu ser que, quizás, alimente los pensamientos y los sentimientos con que vives tus días inconscientemente.

Las emociones pueden ayudarte a descubrir patrones que perpetúan las heridas emocionales en tu vida. Por ejemplo, si diariamente sientes rechazo, revisa como tú mismo le haces lo mismo a las personas que según tú no te aprueban. Si te sientes herido analiza las formas en que te lastimas a ti mismo y a las personas con las que convives. Esto te permitirá cambiar la forma de percibir y te pondrá en el camino de aprovechar las oportunidades que te brindan las emociones proyectadas. Son muy importantes en el autoconocimiento, pues nos muestran lo que nos gusta y nos disgusta, lo que puede llevarnos a cambios muy significativos, pues si las entendemos podremos irnos de un lugar donde nos sentimos incómodos y acercarnos a sitios y personas donde nos sintamos valiosos y apreciados. Aceptar tanto las emociones de gusto como de disgusto es un paso importante para la madurez emocional.

Las emociones son necesarias para vivir, hay que reconocer que no existen emociones positivas ni negativas: todas son necesarias e importantes. Cada una tiene su función, el problema es cuando tenemos unas creencias que, combinadas con los condicionamientos emocionales, nos anclan en un funcionamiento emocional que nos predispone para valorar y juzgar ciertas experiencias como positivas o negativas. En eso radica la importancia del cambio: para darnos cuenta de los errores de percepción que normalmente tenemos y no percibimos. No obstante, las emociones nos pueden mover hacia la ampliación de la consciencia si estamos dispuestos a cuestionar nuestras creencias y aceptar todas las emociones como necesarias y útiles para el autoconocimiento e inteligencia emocional. Cuando reprimes las emociones es cuando enfermas, tomando en cuenta que su energía es para moverte. Si ignoras su llamado, eso se va acumulando en tu cuerpo a nivel químico y en el inconsciente a nivel mental, el cual no entiende, porque a pesar de la incomodidad no te alejas, y probablemente no te mueves por miedo y creencia en el sufrimiento. Si analizas tu situación podrás entender para qué estás viviendo la situación y así tomar consciencia de la importancia de las emociones en tu vida, así como aprender a escucharlas y entenderlas. Ese es el primer paso, no te quedes en un lugar donde tu estómago te dice con un dolor, un malestar, que te alejes; es un aviso para que analices tu situación de manera honesta y a partir de esto decidas qué hacer. Escucha el mensaje, si no lo haces subirá de tono e intensidad hasta provocar que te alejes de ese lugar o hagas consciente la situación. Las emociones te permiten estar a salvo en este mundo dual, pero debes recordar que no eres tus emociones y que existe un mundo espiritual (no dual) en el cual no cambias: no puedes agregar ni quitar nada, ya estás completo, ya eres perfecto.

Conclusiones en frases cortas

- Yo no soy mis emociones, pero ellas me ayudan a moverme y mantenerme a salvo.

- Yo no soy mi tristeza, pero me ayuda a llorar, reflexionar, aprender e integrar experiencias.

- Yo no soy mi alegría, pero gracias a ella disfruto de la vida.

- Yo no soy mi miedo, sólo me avisa del peligro real o imaginario.

- Yo no soy mi ira, esa es sólo mi defensa.

- Yo no soy mi asco, sólo me aleja de lo tóxico.

- Yo no soy lo que siento, sólo es lo que me hace sentir vivo.

- Yo no soy mis sentimientos, esa es mi mente alimentando mis patrones inconscientes de pensamiento.

- Yo no soy mis momentos felices, pero éstos me dan motivos para vivir.

- Yo no soy mi repetición de errores, es el intento inconsciente de mi mente que quiere despertar.

- Yo no soy falta de perdón, esa es mi forma inconsciente de castigarme.

- Yo no soy mis preocupaciones, esa es mi manera de distraerme.

- Yo no soy mis conflictos, sólo son mi intento de despertar.

- Yo no culpo ni rechazo; me culpo y rechazo a través de otros.

"El sexo forma parte de la naturaleza,
y yo me llevo de maravilla con la naturaleza".

Marilyn Monroe, actriz estadounidense

El sexo

El sexo es energía, una fuerza creadora más allá de lo femenino y lo masculino. No se reconoce a sí misma como una u otra cosa, es el poder, el empuje que está detrás de la forma y que se manifiesta a través del cuerpo como masculino o femenino. Así busca su complementariedad y expresión en este mundo. Los genitales de macho o hembra son la forma material en que se expresa su poder creativo, que junto con el inconsciente y las emociones constituyen el combustible que alimenta el poder creativo y transformador de la vida. Para contactarlo y usarlo conscientemente hay que reconocerlo, permitirse vivirlo, experimentarlo y llenarse de su vitalidad y gozo. Es una fuerza que te puede impulsar para que expreses tu ser en formas que no creías posible; si te dejas llevar y experimentas las posibilidades infinitas tu creatividad puede aumentar de forma muy significativa. De acuerdo con el calendario cósmico propuesto en la serie de televisión *Cosmos*, el sexo fue creado hace varios millones de años. Con él, la vida se disparó en el planeta, haciéndola florecer en la Tierra en una variedad de formas y tamaños. Es una parte muy placentera de la vida. Disfrutarlo te permite gozar de buena salud, una mejor comunicación con tu pareja, mejora tu sentido del humor y tu actitud ante la vida.

Por desgracia existe mucha culpa y conflicto en cuanto a este tema: hay mucho desconocimiento, miedos, mitos, tabúes y toda clase de cosas que dificultan el goce de este singular placer. Hace aproximadamente 50 años que comenzó la revolución sexual, y con ella ocurrió un cambio muy significativo en relación con el sexo: más apertura y la gente se dio más libertades, con lo cual ocurrieron, también, una variedad de conflictos de pareja en un escenario nuevo donde no existía una forma conocida, o funcional, de gestionarlos. Esto empezó a revisarse por la ciencia médica y se habló libremente de sexo por primera vez en la historia. Fue algo inédito para la humanidad a dos mil años de la era cristiana. La ciencia empezó a arrojar luz y datos sobre el tema; algunos investigadores de la conducta sexual humana, como William Masters y Virginia Johnson, hicieron algunos descubrimientos interesantes publicados en revistas médicas de prestigio. La materia se revisó en universidades y poco a poco fue extendiéndose hacia la educación media superior y llegó, recientemente, a la educación básica, pese a la oposición de grupos conservadores que creían que esta apertura traería más dificultades que provecho. Hoy, en pleno siglo XXI, sigue existiendo mucho retraso con relación al sexo y posturas muy radicales en cuanto a la libertad sexual por parte de las comunidades religiosas conservadoras y LGBT, que están en conflicto por posiciones opuestas, polarizando al mundo en torno a la libertad sexual. El sexo, como puedes ver, es un tema especial. Desde un sentido biológico no tiene mayor importancia que la reproducción y el goce sexual, dado que fue creado para la reproducción y disfrute del sexo; desde el punto de vista social es un poco más complicado. Está mal visto no asumir el rol que te toca de acuerdo con tu sexo y te pone en situación difícil ante cierto sector de la comunidad con ideas conservadoras. Es decir, debes cumplir con las expectativas de la sociedad, pero luego también hay personas que les gusta vestirse como si fuesen del sexo opuesto, que les gustan las personas del mismo sexo o que se operan para cambiarse de sexo; las posibilidades en este sentido son variadas, los problemas de inclusión y aceptación social son también numerosos y se extienden a lo largo y ancho del planeta.

Otro aspecto importante es el mundo de la moda, el cual promueve los cuerpo delgados, jóvenes, musculosos y sin celulitis; esto agrega otro elemento de conflicto al sexo porque es muy difícil cumplir con esta disposición para la mayoría de las personas, de manera que algunas personas se sienten poco atractivas por tener sobrepeso o no cumplir con alguna condición de la moda. Frecuentemente las personas son bombardeadas con imágenes de hombres y mujeres atractivos, delgados y felices, que parecen decir al espectador: "así tendrías que verte para ser considerado atractivo", lo cual genera estrés e inseguridad. Para ser placentero, el sexo requiere de un cierto nivel de empatía y comunicación con la pareja, y mejora cuando se logra un nivel aceptable. Es decir, al compartir temores, preocupaciones, aspiraciones, inseguridades y dudas. Partiendo de la situación planteada arriba, es muy necesario revisar con profundidad este aspecto en nuestra vida: el sexo es muy importante y debemos conocer nuestra situación. En este capítulo planteo algunos ejercicios que pretenden darte la oportunidad de conocerse en el terreno de lo sexual y reflexionar un poco sobre ello, con el propósito de que te des permiso de vivir una sexualidad un poco más consciente y plena. No soy un sexólogo experto, mi conocimiento sobre el tema es el que la experiencia me ha dado y lo que he leído; sin embargo, espero que los ejercicios y reflexiones que propongo te ayuden a practicar una sexualidad más placentera.

Ejercicio 1

Percepción del sexo biológico

Describe cómo te sientes con tu sexo biológico, si estás conforme, si tu identidad y preferencia sexual corresponden con tu género, si llevas una vida sexual activa y describe qué tanto la disfrutas, así como los aspectos que te gustan de ella y los que no.

El conflicto en la relación de pareja

Manuel es un hombre que quiere mucho a su pareja, se casaron hace 10 años, llevan una buena vida familiar en general y placentera en lo sexual. Hace poco su suegro falleció y su suegra se mudó a su casa. Él siente su privacidad familiar invadida, pero entiende que para su esposa es importante cuidar de su madre; habla con ella del asunto, pero terminan disgustados porque ella le explica que no puede enviar a su madre al asilo ni con ninguno de sus hermanos. Él entiende la situación, pero el resentimiento por no lograr que su suegra salga de la casa poco a poco está enfriando la relación. Empieza a alejarse de ella, casi no la busca para sexo, pasan semanas sin tocarse y cuando lo hacen existe mucha frialdad en la intimidad. Ella piensa que él no la apoya lo suficiente ni entiende su situación; él se siente desplazado en su casa ante las visitas constante de las familias de sus cuñados, quienes sí pueden evadir el cuidado de la suegra. Cuando ella sugiere dialogar sobre la situación conflictiva entre ambos, él se niega y sigue encerrándose en sí mismo.

Esta historia ilustra la necesidad de diálogo en una pareja, sin embargo, para ello se requiere la disposición de ambos. Debemos recordar que para los hombres es complicado hablar de las emociones, se necesita mucha disposición y apertura para ello. Manuel no tiene disposición para dialogar; piensa que sus emociones son poco importantes porque en su familia siempre se burlaban de él cuando lloraba y le aterra pensar en llorar ante otras personas. Además, en su familia no acostumbran hablar de sus emociones ni sus conflictos, hay un programa familiar de poca comunicación y de que quien tenga un conflicto debe someterse por el bien de la familia, la cual es lo más importante, pero sin hablar ni buscar acuerdos. Ante esa posibilidad se niega a abrirse emocionalmente. Su esposa, por otro lado, tiene la disposición, pero no ha podido dejar de proyectar en él sus propias inseguridades ni convencerlo para el diálogo funcional. De tal manera, años después, se divorcian y probablemente se repita el ciclo con sus nuevas parejas hasta que se propongan a analizar, comprender y trascender el programa que los mantiene dormidos y sumidos en la repetición del conflicto de pareja que se expresa a través de la falta de diálogo, respeto, cuidado mutuo y la ausencia de acuerdos responsables en igualdad de género para apoyarse como pareja que se complementa el uno al otro.

Ejercicio 2

Mis emociones al practicar el sexo

Anota una breve descripción de tus encuentros sexuales describiendo los puntos solicitados, esto te permitirá hacer conscientes tus emociones durante el sexo.

EMOCIÓN/ SENTIMIENTO	DESCRIPCIÓN

Escribir sobre tus emociones durante el sexo probablemente sea algo nuevo para ti; quizás no acostumbres a hacerlo. ¿Qué te pareció? ¿Te gustó? ¿Se te facilitó? ¿Lo encontraste útil? ¿Cómo te sentiste en el proceso de escribirlo? ¿Te gustaría comentarlo con tu pareja? ¿Crees que platicarlo ayudaría a mejorar el sexo? De cualquier manera, creo que es positivo escribir sobre una actividad que tiene tanto que ver con el disfrute de la vida, del cuerpo y de encontrarse en la cama con otro ser humano que te encuentre adecuado y atractivo. ¿No te parecería interesante compartir un poco más de la experiencia? ¿La volvería un poco más auténtica? Sólo tú puedes decidir mostrar o no tu escrito o comentarlo con tu pareja, pero creo que hacerlo te volverá más libre, auténtico y sensible. El sexo ha permanecido oculto tras la cortina, quién sabe qué fuerza nos sigue sometiendo para ello, pero nunca es tarde para liberarse.

Ejercicio 3

Escala de satisfacción sexual

	SIEMPRE	CASI SIEMPRE	CASI NUNCA	NUNCA
1. Me importa el placer de la persona con la que tengo relaciones sexuales.				
2. Mis relaciones sexuales son muy placenteras.				
3. Me incomoda manifestar placer.				
4. Después de una relación sexual evito el contacto con la persona con la que estuve.				
5. En una relación sexual finjo tener un orgasmo para que la otra persona se sienta bien.				
6. Me considero buen amante.				
7. Después de mis relaciones sexuales tengo un profundo sentimiento de soledad.				
8. Converso con la otra persona acerca de lo que me produce placer.				
9. Tengo relaciones sexuales con una frecuencia que me parece satisfactoria.				

	SIEMPRE	CASI SIEMPRE	CASI NUNCA	NUNCA
10. Siento temor por decirle a la otra persona lo que me gusta sexualmente.				
11. Mi pareja me define como buen amante.				
12. Prolongo mi excitación hasta que la otra persona alcance el orgasmo.				
13. Me siento culpable luego de tener una experiencia sexual.				
14. Cuando estoy sexualmente con mi pareja siento una profunda conexión.				
15. Mis relaciones sexuales son muy creativas.				
16. En mis relaciones sexuales suelo concentrarme en la penetración, descuidando otros aspectos.				
17. He notado poco interés en mis relaciones sexuales.				
18. Pienso en otras cosas durante mis relaciones sexuales.				
19. Cuando tengo una relación sexual espero que se acabe pronto.				

Las respuestas nunca y siempre son significativas en un sentido positivo o en uno negativo dependiendo de lo feliz o infeliz que te haga sentir el reactivo de la escala que respondiste ¿Cuántas respuestas de este tipo obtuviste?

Ejercicio 4

Anota las respuestas que marcaste con siempre o nunca en el ejercicio anterior y a la derecha escribe los aspectos favorables y desfavorables de dicha situación.

REACTIVO SIGNIFICATIVO	ASPECTO FAVORABLE	ASPECTO DESFAVORABLE

¿Qué tan auténtico eres en el sexo? ¿Qué tanto te permites comunicarte con tu pareja en este aspecto? ¿Qué tan auténtico eres en la vida en general? A fin de cuentas, quizás sólo estás proyectando tu inconsciente en el sexo.

Este cuadro pretende darte una guía para ver las posibles ventajas y desventajas de algunas de las creencias que puedes tener con respecto al sexo. Están basadas en generalidades, pero pueden guiarte en la búsqueda de una relación más sana con el sexo, a conectar contigo mismo, tu pareja y con la alegría de vivir. Tú no eres el placer de tu práctica sexual, en realidad es una ilusión, pero éste puede ayudar a conectarte con la vida y la creatividad. Aunque no es la única manera quizás es la más directa.

ASPECTO SIGNIFICATIVO	VENTAJA	DESVENTAJA
1. Me importa el placer de mi pareja sexual.	Compartir el disfrute del sexo con la pareja lo hace más placentero; Es signo de salud sexual y emocional.	Si solamente uno disfruta, practicar el sexo de esta manera puede ser algo patológico y abusivo.
2. Mis relaciones sexuales son muy placenteras.	Disfrutar del sexo te permite muchos beneficios, como mayor creatividad, energía y disfrute de la vida.	El sexo es una parte de la vida, ignorarlo o no practicarlo puede limitar el disfrute de la vida, aunque tampoco es una condición para ello.
3. Me incomoda manifestar placer.	El placer te conecta con la alegría y goce de vivir.	No darse permiso de disfrutar del placer sexual es negarte una parte de la alegría de vivir.
4. Después de una relación sexual evito el contacto con la persona con la que estuve.	Es importante el goce compartido de la experiencia sexual durante y después; así se mejora el lazo afectivo y emocional de una pareja.	El sexo es importante para el gozo por vivir, pero no es un fin en sí mismo. Si no te permites disfrutar espontáneamente con tu pareja es probable que algo debe ser corregido.
5. En una relación sexual finjo tener un orgasmo para que la otra persona se sienta bien.	Es básico ser auténtico en el sexo; ocasionalmente puedes no tener ganas de hacerlo ni de disfrutarlo, si fingir un orgasmo es una práctica frecuente es preciso mejorar la comunicación y diálogo.	Fingir un orgasmo puede limitar tus deseos de la práctica del sexo e impedir la conexión emocional y afectiva con tu pareja y, por supuesto, contigo mismo.

6. Me considero buen amante.	Una buena autoestima ayuda para el buen sexo; sin embargo, no hay que darlo por sentado, se debe estar pendiente de las necesidades emocionales de la pareja y de las propias.	Lo sexual y lo emocional son importantes, enfocarse en una puede ser motivo de conflicto con la pareja. Se debe buscar el equilibrio; si eres buen amante, pero el apoyo al bienestar emocional falla la relación puede enfriarse.
7. Después de mis relaciones sexuales tengo un profundo sentimiento de soledad.	Esto puede ser una oportunidad para que revises la conexión con tu pareja, tus propias necesidades emocionales y afectivas y redescubras la alegría de vivir.	Si esto se prolonga el tiempo suficiente la relación de pareja puede llegar a ser fría y distante, al igual que la relación contigo mismo y con la vida.
8. Converso con la otra persona acerca de lo que me produce placer.	Es muy sano platicar libremente con la pareja sobre lo que nos gusta y disgusta en la intimidad; fortalece los vínculos afectivos.	Si no lo haces mantendrás en tu interior la insatisfacción provocada por la práctica de algo que no te permite placer compartido en pareja.
9. Tengo relaciones sexuales con una frecuencia que me parece satisfactoria.	La frecuencia adecuada del sexo es algo importante en la relación para fortalecerla y mantenerla viva.	Exagerar en la frecuencia o en la falta de sexo puede ser un factor de conflicto en la pareja y debilitarla.
10. Siento temor por decirle a la otra persona lo que me gusta sexualmente.	El diálogo es muy sano en este sentido.	No decir a la pareja lo que nos gusta puede crear distanciamiento.
11. Mi pareja me define como buen amante.	Es muy saludable y gratificante que tu pareja te defina como buen amante.	No tiene, pero también hay que atender los aspectos emocionales y afectivos.
12. Prolongo mi excitación hasta que la otra persona alcance el orgasmo.	Alcanzar el orgasmo es importante en la práctica sexual.	Estar pendiente del disfrute de la otra persona puede distraerte del tuyo.
13. Me siento culpable luego de tener una experiencia sexual.	Es muy saludable cuestionarse las creencias con respecto al sexo.	La culpa puede evitar que te conectes con el placer sexual y la alegría de vivir.
14. Cuando estoy sexualmente con mi pareja siento una profunda conexión.	La conexión con la pareja es muy importante para la salud emocional y sexual.	No tiene, aunque puedes llegar a depender de ella para sentirte vivo y es arriesgado dejar el control de tus emociones en el exterior.
15. Mis relaciones sexuales son muy creativas.	La creatividad en el sexo es muy importante para mantener el vínculo de la pareja.	No tiene, aunque puedes llegar a sobrevalorar el papel del sexo en tu vida.

16. En mis relaciones sexuales suelo concentrarme en la penetración, descuidando otros aspectos.	No tiene, porque concentrarse en la penetración es sólo un aspecto de una relación sexual.	Concentrarse sólo en la penetración puede distraerte de lo principal: la conexión y el disfrute de la experiencia en pareja.
17. He notado poco interés hacia mis relaciones sexuales.	Puede ser una oportunidad para que le des un lugar a la alegría y el placer en tu vida.	El sexo es muy importante para vivir la vida con más plenitud.
18. Pienso en otras cosas durante mis relaciones sexuales.	Puede ser una oportunidad para sanar y aquietar tu mente, que quizás esté demasiado activa cuando debería callarse para permitir el gozo del presente.	Distraerte durante el sexo puede enfriarlo y hacerlo menos placentero; hay que recordar que esto es importante pero no indispensable para vivir.
19. Cuando tengo una relación sexual espero que se acabe pronto.	Puede ser una oportunidad para que te cuestiones por qué no decides darte permiso de disfrutar de la vida y de hablarlo en libertad con tu pareja.	Obligarse a mantener relaciones sexuales no placenteras tiende a enfriar la relación de pareja y limitar significativamente la alegría y disfrute de vivir.

Distanciamiento emocional y sexual

César es un hombre exitoso: tiene un negocio que va muy bien y una vida familiar estable. Sin embargo, también tiene problemas de comunicación con su esposa; poco a poco se han distanciado. Las relaciones sexuales son muy espaciadas y él busca sexo con otras parejas que le brindan diferentes experiencias. César no está acostumbrado a pedir o hablar de lo que quiere, su desvalorización no le permite percibirse a sí mismo como alguien importante y prefiere tomar distancia de sus seres queridos y de él mismo para evitar ser lastimado. Utiliza el rechazo para evitar el dolor emocional y evita abrirse emocionalmente y hablar de lo que le gusta y no le gusta durante el sexo para protegerse. Debido a las dificultades emocionales que no se han platicado prefiere distanciarse de su esposa, con la cual tiene una conexión emocional.

¿Cuál puede ser el aspecto inconsciente que está afectando la relación de César con su esposa? En terapia, él expresa que desde pequeño fue rechazado y humillado por su padre, y sobreprotegido por su madre, que de alguna manera influyó y limitó su desarrollo. Aprendió a tomar distancia de ellos para evitar el dolor emocional: su modo de aprender a protegerse. El problema es que ha repetido el mismo patrón de respuesta y no ha podido conectarse emocionalmente casi con nadie. Tiene poca comunicación con sus hijos, esposa y compañeros de trabajo; siente que no pertenece a ningún lugar y el sexo le da la oportunidad de hacer consciencia de la herida de rechazo y humillación, su forma de protegerse inconscientemente.

¿Cómo puede César trascender sus heridas emocionales? Debe cerrar el ciclo de dolor emocional por el rechazo y la humillación; mientras esté atrapado y evitando, la situación seguirá repitiéndose. Para ello deberá hacer consciente su forma de mantener vivo el conflicto y la forma en que se protege. Después debe perdonarse a sí mismo por sus errores y perdonar a las personas que pensaba que eran culpables de su malestar emocional; por último, debe despedirse del dolor emocional y hacer una ceremonia de finalización de ese ciclo, agradeciendo la experiencia y aprendizaje que le dejó lo vivido.

¿Cómo puedes cerrar un ciclo? Los pasos descritos en el párrafo anterior describen el proceso previo a cerrar un ciclo. Cuando una persona está dispuesta a terminar con un tipo de experiencias repetitivas desagradables algunas opciones pueden ser escribir una carta de despedida del dolor emocional —una descripción de esas situaciones que pudo identificar en su vida—; reconocer el dolor emocional; perdonar y perdonarse, y agradecer la experiencia y el aprendizaje que le dejó como persona. Para el cierre puedes decidir leer tu carta en voz alta y después quemarla para mezclar las cenizas en una maceta o soltar un globo inflado con helio a modo de despedida; cada persona puede elegir la forma de cierre preferida, lo importante es el proceso de aprendizaje y liberación emocional que permitirá finalizar los ciclos.

Ejercicio 5

Temas difíciles para hablar con la pareja

Escribe los aspectos de la sexualidad que más te cuesta expresar, compartir, pedir y/o disfrutar con tu pareja.

ASPECTO DIFÍCIL EN LO SEXUAL	DESCRIBE
Pedir algo que te gusta en el sexo y no has hecho con tu pareja.	
Expresar algo que no te gusta del sexo con tu pareja (olor corporal, sobrepeso, poca frecuencia de sexo, etcétera).	

¿Por qué será tan difícil hablar de estos temas con la pareja? Quizás las personas nos sentimos un poco vulnerables cuando se trata de sexo; al ser un tema secreto probablemente nos predispone de manera negativa para una comunicación libre. Por fortuna, poco a poco los tiempos cambian y nosotros deberemos cambiar también; si no lo hacemos, perderemos la oportunidad del beneficio de avanzar hacia terrenos desconocidos en los cuales puede haber grandes satisfacciones, libertad, bienestar, paz y disfrute. Puedes empezar con los temas menos intensos o fáciles de discutir, por ejemplo, algo que desees mucho y nunca se lo has dicho a tu pareja, eso puede extender el disfrute sexual.

Ejercicio 6

Expresiones que reflejan tu actitud y satisfacción con respecto al sexo

Este ejercicio es para que a la derecha de la expresión que refleja tu actitud en el sexo elijas un número del uno al diez, siendo el uno muy poco satisfecho y el diez muy satisfactorio. La honestidad es precisa para que el ejercicio sea útil para hacer consciente tu actitud.

EXPRESIONES QUE REFLEJAN MI ACTITUD EN EL SEXO	NIVEL DE SATISFACCIÓN (uno al diez)	DESCRIPCIÓN
Disfruto placer sexual con la pareja.		
Soy capaz de disfrutar del sexo.		
Me siento cómodo al disfrutar del sexo.		
Soy auténtico en el sexo.		
Me conecto con mi pareja sexual en lo emocional, sexual y espiritual.		
Me comunico abiertamente en el sexo.		
Acepto y amo mi cuerpo.		
Acepto y amo el cuerpo de mi pareja.		
Disfruto del sexo sin culpa y con el gusto compartido y consensuado de mi pareja.		
Me considero un buen amante.		
Dedico el tiempo suficiente para disfrutar del sexo.		

¿Qué tanto de tu energía y tiempo le dedicas al sexo? ¿Qué tanto lo disfrutas? ¿Te parece suficiente? ¿Sientes que te ayuda mantenerte sano?

Adicción y desvalorización

Verónica es una mujer de 30 años que para animarse a tener sexo con alguien debe drogarse primero. Se siente tan desvalorizada que cree que no es atractiva ni interesante; para olvidar ese pensamiento se intoxica y así se permite gozar del sexo. Al principio era suficiente con poco, pero gradualmente necesita aumentar la dosis para lograr el efecto deseado; después de varios años de esa práctica ha sido hospitalizada por una sobredosis y se ve obligada a desintoxicarse.

Ese proceso le da la oportunidad de hacer consciente sus miedos e inseguridades y enfrentarlos. Ahora tiene necesidad de recuperar la sobriedad, la consciencia de sus emociones y de aprender nuevas pautas de pensamiento que le permitan conectar con su vida y su ser. Este proceso es difícil y doloroso por todo el tiempo que se ha negado a sí misma la oportunidad de sentir, vivir y comprender sus emociones. Deberá sumergirse en un pantanoso océano emocional de muchos años de descuido y de ceguera. Poco a poco, y con el apoyo de los compañeros del grupo de adictos, empieza a hacer conscientes sus formas de hacerse daño emocionalmente; la guían para que se perdone a sí misma y a las personas que la lastimaron y que comience a hacer cambios importantes en su vida que le permitan conducirse de una manera más saludable y plena.

Ejercicio 7

Necesidades personales con respecto al sexo

Frases que reflejan probables necesidades personales con respecto al sexo si encontraste que el nivel de insatisfacción es significativo en el ejercicio anterior, sugiero su lectura para conocer las posibles necesidades que pudieses tener al encontrar un nivel de satisfacción demasiado bajo, la nueva pauta de pensamiento puede ayudarte a comenzar a cambiar la percepción de esa situación.

FRASE SIGNIFICATIVA	PROBABLE NECESIDAD QUE DESCUBRE EN TI	NUEVA PAUTA DE PENSAMIENTO
Disfruto placer sexual con la pareja. Soy capaz de disfrutar del sexo. Me siento cómodo al disfrutar del sexo.	No te permites disfrutar del sexo con tu pareja en libertad.	Me doy permiso de gozar de mi sexualidad junto a mi pareja. Estoy libre de culpa, soy libertad, soy gozo, soy disfrute.
Soy auténtico en el sexo. Me comunico abiertamente en el sexo.	No te permites ser auténtico, que los demás te conozcan ni conocerte a ti mismo a través del contacto con los demás.	Me permito ser auténtico, digo y hago lo que pienso y siento; soy coherencia.
Me conecto con mi pareja sexual en lo emocional, sexual y espiritual.	No te permites conectar con los demás con tu ser, la totalidad y la libertad.	Me permito conectar con mi pareja sexual en todos los niveles de mi ser: intelectual, emocional, sexual, corporal y espiritual.
Acepto y amo mi cuerpo. Acepto y amo el cuerpo de mi pareja.	No te permites aceptar y amar tu cuerpo y el de tu pareja como es. Crees que no cumple con el estándar del ideal de belleza.	Me permito amar y aceptar mi cuerpo y el de mi pareja, me niego a creer que mi cuerpo y el de mi pareja son imperfectos. Soy amor y aceptación.
Disfruto del sexo sin culpa y con el gusto compartido y consensuado de mi pareja.	No te permites liberarte de la culpa por el placer sexual.	Me permito gozar de la sexualidad consensuada con mi pareja y renuncio a la culpa por gozar del sexo. Soy gozo y libertad.

Me considero un buen amante. Dedico el tiempo suficiente para disfrutar del sexo.	No te permites ser buen amante, quizás por culpa o represión.	Me permito ser buen amante y entregarme libremente en el deseo y gozo sexual con mi pareja. Soy buen amante, soy libertad.
Me considero una persona que confía plenamente en los demás, particularmente en mi pareja.	No te permites confiar en los demás, crees que a la primera oportunidad te van a traicionar; quizás porque no confías en ti ni eres leal contigo mismo.	Me permito confiar en mi pareja, me ama y confío en su lealtad y fidelidad.

Ejercicio 8

Escribe las cosas que agradeces de tu sexualidad; pueden ser cosas que te gusta compartir con tu pareja o lo que aporta a tu vida. Por ejemplo, el hecho de que tu animo mejora notablemente cuando tienes sexo y duermes mejor, etcétera.

COSAS QUE AGRADECES DE TU SEXUALIDAD	DESCRIPCIÓN

Ejercicio 9

Lo que no me gusta de mi vida sexual
y las oportunidades que me brinda

Escribe las cosas que no te gustan de tu sexualidad, por ejemplo, que cuando tú tienes ganas tu pareja sólo quiere dormir o leer, o que cuando ella quiere tú no, que en ocasiones tu cuerpo no responde como tú quisieras, que te cansas muy pronto, etcétera. En la columna de la derecha

124

escribe lo positivo que te aporta si lo tomas como oportunidad, por ejemplo, si tú quieres sexo y tu pareja no esto te da la oportunidad de escucharla, entender sus deseos y desarrollar habilidades de escucha, comprensión y tolerancia.

ASPECTO QUE NO TE GUSTA DE TU SEXUALIDAD	DESCRIBE LO POSITIVO QUE APORTA A TU VIDA Y LA OPORTUNIDAD QUE TE BRINDA PARA DESARROLLAR Y PRACTICAR UNA NUEVA HABILIDAD SOCIAL

¿Qué te parece escribir sobre lo que no te gusta de tu vida sexual? ¿Disfrutaste hacerlo? ¿Lo que no te gusta es muy importante o es leve? ¿Puede resolverse con diálogo o es necesario un terapeuta? ¿Lo compartiste con tu pareja? ¿Le has pedido que te diga lo que no le gusta de practicar el sexo contigo? ¿Crees que vale la pena hablar de lo que no te gusta del sexo con tu pareja? ¿Crees que debería saberlo sin que lo digas? El sexo es una actividad muy placentera y buena para la salud, pero solamente si lo disfrutas; para lograrlo hay que platicarlo con la pareja con una actitud de colaboración y buena voluntad, así como llegar a acuerdos.

Entender a tu pareja tal vez sea difícil, pero intentarlo es un requisito para fortalecer la relación y para vivir más feliz, relajado y tranquilo. Es muy cansado vivir inconforme y malhumorado; con esta actitud contaminas el ambiente en que te encuentres. Debes comunicar tus estados de ánimo a tus seres queridos, hablar de ellos y llegar a acuerdos razonables para la sana convivencia. Mediante esta práctica encontrarás tus propias necesidades a través de conocer las de tu pareja; si las escuchas, las atiendes y acoges, tu vida sexual y personal mejorará notablemente; es decir, la práctica placentera del sexo es una de las claves para la comunicación e integración emocional de la pareja. Para ello cada uno, de manera individual, necesita explorar y reconocer las necesidades afectivas que obstaculizan el goce pleno de la sexualidad.

Ejercicio 10

Identifica fortalezas y debilidades para diseñar un plan de trabajo partiendo de la sexualidad

Anota en el cuadro las fortalezas detectadas en los ejercicios previos y cómo las vas a utilizar para tu autoconocimiento y paz interior. Toma en cuenta la dimensión sexual, que se refiere a la propia valoración de tu autenticidad al ejercer tu sexualidad.

FORTALEZAS	CÓMO LAS APROVECHARÉ PARA EL AUTOCONOCIMIENTO PERSONAL Y LA PAZ INTERIOR
Ejemplo: tengo energía y tiempo para practicar sexo con mi pareja con la frecuencia que deseo.	Ejemplo: compartiré mis emociones con mi pareja durante el sexo y le preguntaré qué cosas diferentes le gustaría que hiciera y las que debo dejar de hacer para hacerlo más placentero. Tendré confianza en pareja para que me diga lo que opina de mi desempeño en la cama con libertad.

ÁREAS DE OPORTUNIDAD	CÓMO LAS APROVECHARÉ PARA EL AUTOCONOCIMIENTO PERSONAL Y LA PAZ INTERIOR
Ejemplo: me siento cansado, aburrido y con poco apetito sexual.	Ejemplo: compartiré con mi pareja mis preocupaciones y falta de motivación para el sexo. Iré a una revisión médica para checar mi estado de salud y descartar algún problema físico. Reduciré el consumo de grasas saturadas en mi dieta.

Resumen

¿Qué te ha parecido reflexionar sobre tu sexualidad con estos ejercicios? Espero que haya sido positivo para ti. Tradicionalmente esta área se omite en las actividades de autoconocimiento, como si el sexo no formara parte del ser; cada una de las áreas revisadas es importante en igual medida.

El sexo es una parte relevante en tu vida, te conecta con la creatividad, con la alegría de vivir, con el proyecto del Universo y la creación. Por desgracia las culpas, tabúes, secretos, frustraciones y creencias limitantes dificultan gozar plenamente de esta parte de la vida; es cierto que es una ilusión, al igual que todo lo que viene del mundo de la forma, pero puede ayudarte a tomar consciencia del ser.

En este capítulo vimos la importancia del diálogo y la comunicación abierta con la pareja para una mejor conexión emocional y sexual. Los tiempos están cambiando: hay más libertad sexual; sin embargo, si no se usa con madurez, control y con apertura emocional, será una especie de arma de autodestrucción debido a la posibilidad del sexo como adicción o razón de inconformidad al no aceptarlo ni desear cambiarlo. Si se toma la oportunidad que el sexo nos da como medio de disfrute sano y responsable, como una oportunidad de aceptación, de conexión con la pareja y contigo mismo, ampliarás tus capacidad de comunicación y empezarás a reconocerte en el otro, a respetar tus necesidades y las de tu pareja. Cuando reconoces tu propio ser como valioso, naturalmente reconoces a los demás.

Sugerencias

Date permiso de disfrutar del sexo con tu pareja. Es una actividad muy importante para la salud, pero debes de disfrutarla al darle la oportunidad a tu pareja de expresarse, lo que ocasionará que tú lo hagas también. No temas al ridículo, prueba algo nuevo para ver qué resulta.

Date permiso de abrirte emocionalmente. La vida emocional personal es rica y diversa, no debe permanecer oculta; exprésate con libertad y el sexo se verá fortalecido naturalmente, al igual que todos los aspectos de tu vida. Cuando nos reconocemos como imperfectos, vulnerables y temerosos se abre una puerta de conexión emocional que nos hace auténticos.

Reconoce a tu pareja como compañero de vida y revive el sexo. La vida en pareja es muy importante, pero no sólo desde el intelecto: hay que dejar vivir al sexo como una parte primordial para mantener una unión más sólida, que permite el disfrute mutuo, la alegría de vivir y la creatividad.

Preguntas y respuestas

¿Por qué es necesario incluir el sexo en el autoconocimiento?

El sexo es un componente del ser humano, una fuerza tan poderosa que hizo florecer la vida en la Tierra a lo largo de millones de años; además ha sido el motor de la economía moderna, la cual se sustenta en el libre mercado y vende sus productos innecesarios desde el atractivo sexual. Los anuncios nos motivan para comprar cosas no esenciales con la esperanza e ilusión de vernos más atractivos, interesantes y exitosos; en ese sendero podemos olvidar quiénes somos y distraernos de lo importante en un intento de mostrarnos ante los demás en relación con lo que el modelo económico y social señala como atractivo. El sexo consciente puede acercarnos al ser mediante el autoconocimiento; si bien es cierto que el placer sexual es ilusión, puede servir para conocernos mejor a través de lo que no somos.

¿Cómo puede ayudar el sexo al autoconocimiento? Es más probable que lo haga más difícil ¿no lo cree?

El sexo nos conecta con la creatividad del ser y la alegría de vivir; cuando lo practicas desde la consciencia es una puerta que te lleva a la realización personal, a trascender las heridas emocionales. Por otro lado, si lo practicas desde el ego entonces te aleja del ser porque quizás proyectes tus necesidades afectivas y emocionales en tu pareja sexual. Los conflictos que esto puede ocasionar son muchos, pero esa es la llamada para despertar.

Entonces, ¿el sexo ayuda o perjudica al autoconocimiento? Existen ambas posibilidades, la diferencia es el deseo personal de hacerlo. El sexo en sí es una fuerza poderosa que nos puede impulsar para conocernos mejor o fortalecer al ego y así anclarnos al mundo de la ilusión y el apego.

¿Qué sentido tiene darle al sexo un lugar en el autoconocimiento?

Este libro pretende ser un manual para el autoconocimiento y la paz interior, por lo tanto, claro debe incluir el sexo; dejarlo fuera es reproducir lo que la humanidad ha hecho desde el surgimiento de la moral judeocristiana, que ha visto al sexo como un camino al deseo, la tentación y el mal, cuando en realidad puede ser lo opuesto: la puerta a la conexión con el ser desde el placer y la alegría de vivir. Negar su importancia sólo lo mantiene en la sombra.

¿Cómo puedo darme cuenta si el sexo me acerca o aleja del ser?

¿Eres auténtico con tu pareja sexual? Ser auténtico implica comunicarte abiertamente desde el corazón, compartiendo tus miedos, esperanzas y deseos más íntimos; hacerlo es prueba de que te acerca a tu ser; aunque suele ocurrir lo opuesto. Hay mucho miedo desde lo femenino hacia personas con energía masculina, la cual se asocia con conductas machistas, agresivas e insensibles, mientras que su opuesto, la energía femenina, se asocia a comportamientos irracionales y emotivos en exceso y viceversa. Los celos, las infidelidades, las culpas, las traiciones, los rechazos, las injusticias, los abandonos, etcétera, constituyen un semillero de conflictos; esas son las mejores oportunidades para el autoconocimiento, pero también la fuente de mayor vulnerabilidad para la mayoría de las personas. Es muy fácil perderse en las inseguridades y dudas con respecto hasta dónde podrás confiar en tu pareja; la confianza es una cuestión de fe y esperanza, una conexión con el sexo que se logra haciendo, no teorizando; es decir, hay que transitar el camino de la sexualidad desde la autenticidad, no desde la ilusión y el autoengaño, que nos lleva a la proyección. Cabe mencionar que la energía masculina y femenina coexisten en cada persona, independientemente de su sexo biológico. Las hormonas, con sus procesos químicos y fisiológicos, y la sociedad, con sus normas y expectativas, gradualmente dan forma a la manera en que esta energía es expresada en el día a día de cada individuo. La forma de ser, que puede tender hacia lo masculino o lo femenino de acuerdo con la situación, depende del temperamento, del grado en que las necesidades básicas son cubiertas y de cómo se integran las experiencias de vida. Por ejemplo, un hombre puede permitirse tratar a sus seres queridos con ternura, pero si requiere una conducta agresiva para defenderse o poner límites también puede hacerlo cómodamente y sin culpa. Es común que se pierda el equilibrio en estas energías; las personas que usan la energía masculina en exceso pierden el contacto humano con ellos mismos y sus seres queridos. Cuando esto sucede la energía masculina agresiva se convierte en una especie de monstruo destructor violento. La energía femenina es necesaria e indispensable para hacerle frente a la energía masculina como contrapeso y complemento, pero la sociedad machista hace difícil que se exprese libremente, porque implicaría vencer el miedo ante la violencia y empoderar a las mujeres para que puedan aportar su ternura combinada con límites claros para que los hombres del clan familiar y social crezcan emocionalmente, volviéndose maduros, controlados y responsables de sus actos.

Si debo ser auténtico con mi pareja y no lo soy, es obvio que eso me aleja del ser. ¿Qué debo hacer?

Los ejercicios de este libro están diseñados para que veas qué tan auténtico eres; hay que responderlos de manera honesta y platicar los pendientes, dudas e inconformidades que haya para buscar alternativas y acuerdos más saludables con tu pareja. Ese es un comienzo: el reconocimiento y la intención son el primer paso, lo siguiente se revelará conforme avance el proceso.

¿Pero si mi pareja y yo no nos deseamos después de muchos años de matrimonio? ¿Y si no le gusto o no me gusta?

Esos son aspectos claves de la autenticidad de la que hablaba anteriormente; una relación se construye desde el interior, para ello es preciso sanar las heridas emocionales de manera interior, de ahí la importancia del sexo: nos da una fuerte conexión con el ser y la vuelve más fácil. Una pregunta posible sería: ¿te gustas a ti mismo? Responder honestamente te ayudará a saber qué hacer. Hay que empezar por uno mismo, el autoconocimiento es la clave para ello.

¿Qué pasa si me doy cuenta de que yo no me gusto?

El hecho de reconocer que no te gustas es un paso importante, y quizás esa sea la proyección hacia tu pareja; si continúas culpándola por la falta de práctica sexual te estás alejando de la situación importante a resolver, pero si te enfocas en conocerte, valorarte, amarte y renunciar a la proyección, esto constituye un paso importante para el autoconocimiento.

¿Qué hago con la incomodidad y la vergüenza que siento al reconocer mis defectos e inseguridades?

El valor, el permiso y la disposición de cada uno para comenzar a reconocer las imperfecciones e incomodidades son el primer paso para resolver esto. Debes recordar que eres valioso; haz un recuento de tus logros y de cómo has enfrentado tus miedos e inseguridades y aplícalo en esta situación para que te recuerde tu propia valía y fortaleza. Tienes derecho a ser imperfecto: esa es la belleza personal distintiva.

¿Y si no puedo o no quiero hacerlo?

Entonces la pregunta sería: ¿para qué seguir haciendo lo mismo? ¿Para qué seguir negando y ocultando mis imperfecciones, miedos e inseguridades? ¿Para qué seguir rechazándome, abandonándome y humillándome con la falta de autenticidad y reconocimiento? Estas preguntas son interesantes, reveladoras y pueden darte un poco de claridad en el camino a encontrar tu ser y reconciliarte contigo mismo y tu pareja.

¿Por qué debo ser auténtico si la sociedad le da más importancia al tener o al aparentar que al ser?

Precisamente por eso. El ser es el camino a la autenticidad, la apariencia es sólo una fachada, un engaño, una ficción. ¿Eso es lo que crees que eres? Según algunos teóricos, la sociedad tiene una enfermedad que requiere sanación, el autoconocimiento es una alternativa para la salud; este recorrido por las dimensiones del ser humano tiene el propósito de corregir ese error de buscar tener y aparentar. ¿Quieres vivir para la apariencia o para ser? La respuesta a esa pregunta es personal, la forma en que la respondas es correcta. En uno u otro sentido la vida te dará lo que buscas de manera inconsciente —no como castigo o premio— y corresponderá a tu intención, la cual puede venir desde el amor o el miedo.

¿No le parece, sinceramente, que el riesgo de ser auténtico es demasiado alto? Después de todo sólo estamos hablando de sexo.

Es una pregunta muy interesante. Puede ser riesgo muy alto si intentas actuar con autenticidad desde el miedo, porque ese miedo inconsciente puede provocar que alguien importante para ti te traicione, aunque en realidad estarías traicionándote a ti mismo a través de esa persona. En ese sentido tendrías la oportunidad de encontrar un área de mejora importante a trabajar en tu beneficio personal y, si lo aprovechas, entonces sería algo bueno con aspecto de malo, ¿no lo crees? Gracias el sexo la vida floreció en el planeta desde hace millones de años y no se ha detenido, tal vez con el sexo pueda florecer la consciencia con una fuerza y empuje similar. ¿Por qué no intentarlo? ¿Qué podemos perder? Hay mucho que ganar.

¿De verdad considera que el sexo puede ser una palanca para el logro de una elevación de consciencia? ¿No le parece exagerado e irreal en los tiempos actuales, donde las relaciones se deshacen con mucha facilidad?

A mediados del siglo XX inició la revolución sexual: se comenzó a experimentar la libertad masivamente. Como en toda revolución, se cayó en el extremo y la permisividad se convirtió en libertinaje, hubo una crisis de valores e inestabilidad en las parejas, se promovió la cultura y la creencia de que el sexo puede practicarse libremente, siempre y cuando haya consenso entre dos personas adultas, pero las consecuencias de tal práctica han contribuido en generar una crisis en los valores familiares y ha transformado la forma de crianza de las nuevas generaciones, que crecen en familias muy diferentes a las tradicionales. Estamos en una sociedad en crisis donde prolifera la falta de estabilidad en las relaciones y los hijos crecen a cargo de personas separadas y enojadas con sus parejas, porque no comparten el compromiso de la crianza y manutención de los hijos en igualdad; esto afecta, sobre todo, a las mujeres, a quienes se les suele cargar la responsabilidad de sacar adelante a los hijos. En esas condiciones el sexo se convierte en un factor contrario al conocimiento del ser y desarrollo de la consciencia. Pero, ¿qué tal si se empezara a practicar el sexo consciente? No con una mentalidad moralista, pero sí con el reconocimiento de que el sexo es algo que puede traer consecuencias graves a los involucrados, como un embarazo no deseado, entre otras dificultades. ¿A poco no te parece un buen momento para empezar a cambiar de actitud con respecto al sexo? Hay que tomarlo como algo más serio y practicarlo con madurez con una pareja con la que podamos vincularnos emocionalmente, diseñar y compartir un proyecto de vida y practicar una comunicación y sexualidad plena.

Conclusiones

El sexo es un medio de la biología para asegurar que la vida continúe en la Tierra, y gracias a él ésta sigue floreciendo con alegría, poblando el planeta con diversas especies sin provocar conflictos significativos que afecten más allá de los integrantes involucrados en la relación reproductiva. Por ejemplo, en el reino animal, si dos machos deben competir por una hembra en celo pelean entre sí, con toda la fiereza y determinación de la que son capaces, cuando uno gana el animal vencido se retira y le deja el camino libre al ganador. El derrotado no se va rumiando su fracaso, ni planeando su venganza, nada más se aleja y sigue con su vida; el macho victorioso monta a la hembra y todos felices. En este acto existe una confianza intuitiva en la vida de aceptación similar a la de los grandes maestros zen, o del taoísmo, los cuales enseñan a vivir en total desapego. Sólo con los humanos ocurren las dificultades en lo concerniente a este tema, el resto de la creación sigue viviendo sus vidas sin reparar siquiera en él: forma parte de ellos como cualquier otro aspecto, es sólo el instinto de la reproducción. Para los humanos es disfrute y para algunos pecado, motivo de culpa, rechazo y discriminación. Ciertamente el sexo es algo meramente biológico, pero el deseo de vender de la globalización lo convirtió en un producto. La promoción de fotografías de modelos ideales favorece el comercio y las imágenes de cuerpos atractivos facilitan la venta de productos no indispensables en la economía global, generando una imagen distorsionada del sexo y de lo que socialmente se considera atractivo. Al asociar cuerpos perfectos con ciertos productos caros se da, de manera implícita, el mensaje de que sólo ciertas personas son dignas de ser amadas, el resto, los que no estén en las categorías de ricos, jóvenes, delgados o bellos, deberán conformarse con menos, con lo que puedan conseguir. Esto genera resentimiento e inseguridad en una gran parte de las personas, que desarrollan cierta vergüenza e inadecuación con respecto al sexo, de manera que éste se convierte en mercancía, algo inalcanzable, y no un medio para expresar y recibir cariño. En otro aspecto, el sexo también se complica por la represión histórica de la libertad sexual; ha sido causa de culpa y desaprobación en cuanto a las preferencias sexuales de ciertas personas que se sienten atraídas por otras del mismo sexo. El tema de la homosexualidad está muy polarizado, actualmente existen algunos países donde se castiga con pena de muerte y aproximadamente en una tercera parte de los países del mundo está prohibido legalmente esta preferencia sexual. Hace años, en algunos países europeos del siglo XVIII, las personas homosexuales eran llevadas a juicio por considerar que atentaban contra las reglas de una sana moralidad, y si eran encontradas culpables eran severamente castigados para que sirviera como escarmiento para aquellos que quisieran seguir sus pasos. En la segunda mitad del siglo XX, con el desarrollo de la psicología y la psiquiatría, estas personas fueron consideradas enfermos mentales y se les trató de cambiar con terapias aversivas, como el uso de electroshocks a pacientes que voluntariamente se sometían a dichos tratamientos con la esperanza de cambiar una preferencia sexual que era considerada enferma y aprendida por un condicionamiento. Se creía que si se hizo una conexión neurológica para ese aprendizaje, entonces se podía deshacer bajo condiciones controladas. Sin embargo, parece que la conducta sexual es un poco más compleja que las que se trabajaron en laboratorios con animales. Pocos años después, a finales del siglo XX, y con constantes y repetidos fracasos, por fortuna, se cambió esa idea y la homosexualidad se quitó de la lista de enfermedades mentales. La ciencia desistió en su uso de terapias de conversión. Las personas homosexuales ya no son consideradas como enfermas, no obstante, ciertos sectores de la población aún no se sienten cómodos cuando estas personas expresan su sexualidad en público de manera libre, todavía no es bien visto que hombres se vistan como mujeres o viceversa, y existe la creencia de que dar ese "permiso" creará un libertinaje que rebasará las buenas costumbres de la sociedad. ¿Por qué será tan difícil aceptar y otorgar la libertad? La libertad y gozo sexual es una asignatura pendiente en este siglo.

El género es una construcción social que supone, tradicionalmente, que al hombre siempre debe atraerle la mujer y viceversa, y que deben vestirse y comportarse como corresponde a lo que socialmente se establece como correcto de acuerdo con el sexo biológico. Pero existen casos específicos en que esto no ocurre así, en el inconsciente individual no existe distinción entre hombre y mujer en términos de biología ni en lo concerniente a la elección de pareja o de ropa, porque algunos, siendo hombres, vibran en una frecuencia femenina o viceversa, los cuales necesitan, por un lado, la expresión de su sexualidad desde lo femenino y, por otro lado, la complementariedad en la pareja, la cual no siempre coincide con su vestimenta ni con su sexo biológico. Existen personas que, sin importar su sexo, puede gustarles vestirse como mujeres o de manera masculina y que eligen parejas que no coinciden ni con su ropa ni con su género, porque una cosa es la expresión de la sexualidad y otra la elección de pareja que complementa. Este aspecto de la preferencia y expresión sexual ha generado mucho conflicto, por los tabúes y el desconocimiento del funcionamiento de la mente inconsciente, que sólo busca complementarse y expresarse con inocencia. Lo femenino y lo masculino coexisten en cada individuo, sin juicios, sin culpa; a veces esta forma de expresar la sexualidad puede coincidir con lo socialmente considerado apropiado, pero en otras no. Esto, evidentemente, puede no gustarle a muchas personas, pero al reconocer la diversidad y al otorgar la libertad te la regalas para expresar la sexualidad libre y sin culpa. Con ello se obtiene una ampliación de la consciencia y de integración de la sombra en lo referente al sexo; lo cual, culturalmente, nos hace mucha falta a todos y como una sociedad que avanza en camino a la madurez e integración de todos y todas las personas, en reconocimiento de la libertad y diversidad. Lo cierto es que más allá de los desencuentros entre conservadores y liberales, el sexo es una fuerza biológica que impulsa la creatividad y la sensación de bienestar en los humanos. Tener una pareja sexual es algo que permite expresar contacto íntimo con otro ser humano, compartiendo la experiencia del orgasmo: gratificante y liberadora de tensión, lo que facilita la aceptación de las dificultades del día a día. El sexo también permite una comunicación con la pareja de una manera más íntima y total. Cuando eres capaz de compartir tus temores, inseguridades, aspiraciones y deseos con libertad y estás dispuesto a escuchar y aceptar lo que te digan, reconociendo que tienen el derecho y la confianza para expresar libremente su pensar, entonces la relación se vuelve más íntima e integrada. Esto enriquece la vida de pareja y de las personas alrededor, liberando el miedo inconsciente que rodea a los arquetipos femenino y masculino, que por tantos años ha sido fuente de conflictos a lo largo de la historia humana; la cual ha pasado por momentos difíciles que han puesto al sexo en la lista de pecados y cosas prohibidas que no se permitían a menos que cumplieran con ciertos requisitos establecidos; por ejemplo, sólo se autorizaba su práctica entre hombre y mujer para propósitos reproductivos, además había que estar casados. Entre estas y otras tantas condiciones que imponía la sociedad conservadora, y tanto deseo que provocaba la biología y el instinto, para tener permiso de disfrutarlo, era inevitable que hubiese problemas con el sexo. Cuando te permites experimentarlo desde la consciencia y la libertad, facilitas que se libere la sombra del inconsciente personal y colectivo de este tema, lo que favorece tu salud mental y paz interior. La situación de conflicto que prevalece naturalmente impide que —la sombra masculina expresada en la violencia y la femenina en la sobreprotección— se encuentre un punto medio de reconciliación y de sana comunicación. Esto constituye una área de oportunidad para facilitar la salud mental y el equilibrio de fuerzas entre el arquetipo masculino y el femenino, que se encuentran en una lucha de poder; a través de los grupos fundamentalistas religiosos y políticos por el lado de los conservadores, y de la comunidad LGBT por el de los liberales, que lejos de enfocarse en un diálogo propositivo siguen polarizando aún más la situación de conflicto, alejando la posibilidad de un punto medio que permita traer a la luz todas las situaciones conflictivas relacionadas con el sexo que siguen llenando de sombra a la humanidad y la consciencia.

Los tiempos actuales dan la oportunidad para tomar consciencia de la importancia del sexo, retomarlo como una parte de la vida que puede ayudar a establecer vínculos más sólidos contigo mismo, tu pareja y la sociedad, para ello la autenticidad es indispensable, hablar de las cosas que necesitas en la intimidad es un acto de libertad y de conexión humana básica, que te permitirá encontrar tu ser y el equilibrio de la energía masculina y femenina de la psique, armonizándola para que seas más equilibrado y saludable mental y físicamente.

Conclusiones en frases cortas

- El placer sexual es una ilusión, pero es una de las más poderosas, por eso hay que aprovecharla para el autoconocimiento.

- Yo no soy mi preferencia sexual, es la forma en que he aprendido y elegido expresarme.

- Yo no soy mi cuerpo, pero es el medio por el que me comunico y me reconozco en este mundo.

- Yo no soy mi sexo, esa es sólo mi biología.

- Yo no soy un juez de las buenas prácticas sexuales, ni puedo decidir lo que es mejor para otras personas.

- Yo no soy mi placer sexual, pero me ayuda a conectar conmigo, con la vida, la creatividad, la alegría de vivir, con mi pareja y el resto del mundo.

- Yo no puedo encontrar mi ser, sin vivir, reconocer y otorgar la libertad a los demás.

"Cuando las expectativas de uno se reducen a cero, uno aprecia realmente todo lo que tiene".

Stephen Hawking

El cuerpo

El cuerpo es la forma en que llegamos al mundo, esta estructura biológica es nuestro avatar y vivimos en él toda nuestra vida terrenal. A algunas personas les gusta el cuerpo que les tocó, hay otras a quienes no, ya sea por el sexo, el color, la complexión, la raza, la estatura, etcétera. Con la llegada de la globalización se presentó una tendencia mundial a imponer ciertas razas como mejores. Hace apenas poco más de 200 años se creía que los negros debían ser esclavos y que no tenían derechos como seres humanos; apenas hace unos años, en Estados Unidos, las personas de color debieron levantarse en lucha por sus derechos civiles, ya que eran considerados inferiores a los blancos, la lucha por la igualdad continúa en la actualidad.

En ocasiones algunas personas recurren a cirugías para modificar y moldear sus cuerpos para que se ajusten a modelos socialmente bien vistos y ser considerados atractivos, aun a costa de su salud; dichas cirugías o arreglos en ocasiones ponen en riesgo la vida, pero eso no importa, el deseo de verse como se quiere lo supera. Esta es una sociedad que prefiere el tener al ser.

En este contexto de conflicto y falta de aceptación es necesario reflexionar un poco sobre la importancia de ver nuestro propio cuerpo: el único que tenemos. El crecimiento del mercado global permite a los empresarios realizar campañas publicitarias que debilitan la autoestima y percepción de las personas que creen que deben parecerse a cierta actriz o actor famoso, y que sus medidas corporales deben acercarse a los modelos de moda para vestirse con la ropa de diseñadores prestigiosos. Nuestro cuerpo es el instrumento para vivir, ¿qué repercusiones tiene a nivel psicológico y emocional el no aceptarlo? No existen estudios concluyentes para evaluar las consecuencias de esta tendencia, pero es obvio que es desfavorable, para la autoestima y seguridad personal, la creencia de que debes someterte a ciertos "arreglos" para ser valioso y encajar en la sociedad. La idea de modificar nuestro cuerpo es una tendencia que ha crecido en el siglo XXI.

La cultura del tener se antepone al ser. A continuación, planteo algunas preguntas como ejercicio de reflexión sobre el tema del cuerpo: ¿para qué creer que no es suficiente ser lo que soy? ¿Para qué no aceptarse? ¿Qué hay de fondo en esa inconformidad? ¿Qué necesidad tengo de impresionar a los demás? ¿Por qué debo arreglarme algo de mi cuerpo? ¿Habrá algo más importante que cambiar en vez de mi apariencia? Por ejemplo, la inseguridad propia de tener que cambiar para ser aceptado, las constantes críticas por pequeñas cosas que no tienen importancia, la creencia de que debo esforzarme para ganarme un lugar; tú ya tienes un lugar, si alguien no quiere dártelo debes alejarte de ese contexto, de lo contrario, al modificarte tú te alejas de ti. En cada arreglo que te haces te alejas más de ti para acercarte a algo que crees que es mejor que tu ser.

La globalización parece evidenciar nuestras inseguridades y las aprovecha para el comercio; así, tendremos que hacer esfuerzos para aparentar ser algo que los expertos en modas y los comerciales de las marcas famosas dicen que es lo mejor y el modelo del éxito. En ese proceso nos perdemos y la confusión crece a nuestro alrededor y dentro de nosotros.

Conocer, aceptar, valorar y reconciliarnos con nuestro cuerpo es una condición para la salud mental; para ello es importante dedicar, todos los días, tiempo para meditar, y practicar el escuchar a nuestro cuerpo, sus sensaciones, dolores, ritmo y sonidos. Existen técnicas de meditación para aprender a escuchar al cuerpo, entenderlo y cuidarlo. También se debe poner atención a la parte mental: intentar, en silencio, observar los pensamientos y escucharlos, como si fuesen un material de estudio. Al mirarlos con atención notarás un cambio, es como si los pensamientos no fuesen tuyos y sólo los observaras. Esto es útil para el autoconocimiento: poco a poco te darás cuenta de que no eres tu cuerpo, ni tus pensamientos ni tus emociones ni tus sentimientos; estás ahí, pero tu esencia es mucho más que eso.

Al igual que en los temas anteriores, te propongo ejercicios que te ayudarán a conocer esta parte de tu ser un poco más. Hazlos con honestidad: es tu trabajo, es para conocerte.

Ejercicio 1

Escribe brevemente la percepción que tienes de tu cuerpo, el grado de satisfacción que tienes con él, su aspecto, talla, estatura, color de piel, enfermedades que te aquejan y qué tan cómodo te sientes en tu cuerpo.

¿Qué te pareció escribir sobre la aceptación de tu cuerpo? ¿Qué consecuencias crees que tiene en lo psicológico y emocional el no aceptarlo? ¿Hay algo más en tu vida que no aceptes o únicamente es tu cuerpo? ¿No será mejor cambiar tu actitud con respecto a la forma de ver y entender las cosas?

El posible efecto del inconsciente en la obesidad

Sara es una mujer casada de 40 años; su esposo es poco comunicativo y adicto al alcohol. Ella, para distraerse, se reúne con sus amigas; él se refugia en su trabajo y sus amigos. Hace tiempo que la intimidad entre ellos es escasa, al igual que su comunicación; siguen viviendo juntos, pero emocionalmente están muy separados. Ella ha aumentado más de diez kilos en los últimos tres años y esto la hace sentirse mal consigo misma. Ha intentado bajar de peso con asesoría de un nutriólogo, a través de diferentes métodos, y le funciona por un tiempo, pero luego rebota y recupera lo perdido y un poco más. Su terapeuta le dice que quizás su aumento de peso se deba a su misma falta de aceptación de sí misma y un deseo de protegerse del rechazo de su esposo y de ella misma; que no se percibe como una persona valiosa; que tal vez, de manera inconsciente, trata de cubrir su cuerpo con grasa para protegerse, no verse a sí misma por temor, ser poco deseada por su pareja, y así evitar los intentos de intimidad que no le gustan, tanto por los problemas de pareja que tienen como por la falta de disposición y habilidades para solucionarlos. Ella se molesta y se ausenta de terapia. Los problemas con su esposo y su sobrepeso siguen aumentando.

¿Cómo es posible que inconscientemente Sara esté provocando su sobrepeso? Esto es muy probable en dos sentidos. En el primero puede ser un deseo de acallar sus frustraciones emocionales por medio de comida chatarra y panecillos dulces, al consumirlos disminuye su ansiedad e incomodidad; en una segunda posibilidad, con el aumento de peso y talla puede sentir más protección de la vulnerabilidad que le produce sentirse insatisfecha y poco capaz de enfrentar y solucionar la situación conflictiva.

¿Qué debería hacer Sara para atender y resolver su sobrepeso? Deberá verlo como una oportunidad de mejorar su vida; entender que es un síntoma de que algo no está funcionando; quizás reconocer sus propias inseguridades, sus capacidades y fortalezas para enfrentar los problemas; resolver lo que esté en sus manos; evitar culpar a los demás de lo que le sucede, y aceptar que la mayor parte de la solución del problema está en sus manos.

¿Cuál sería el proceso recomendado en esta situación? Un primer paso sería reconocer el sobrepeso como un mecanismo de defensa que quizás se ha estado repitiendo en diferentes etapas de su vida. Por ejemplo, las personas tendemos a ocultarnos cuando tenemos miedo, y al crecer tenemos responsabilidades que cumplir que no permiten que nos ocultemos, entonces llevamos la protección con nosotros mismos: un mayor volumen de grasa corporal puede ser un intento de protección inconsciente de los peligros del exterior. Es decir, Sara debería abrirse a posibles explicaciones del problema, evitar justificar y también negar. Los mecanismos de defensa suelen usarse a lo largo de la vida para proteger de las heridas emocionales.

Un segundo paso implica el perdón. Al perdonar a las personas que creímos culpables de nuestro conflicto nos liberamos a nosotros mismos del dolor, y al perdonarnos a nosotros mismos de nuestro error de proyección comienza un proceso de sanación interior.

Un tercer paso consistiría en aceptar lo que está viviendo como un proceso de oportunidad de mejora y crecimiento personal; tomar lo positivo de la experiencia, y hacer nuevos acuerdos con ella misma; por ejemplo, aceptar que ha estado protegiéndose por miedo, pero que está dispuesta a enfrentar sus miedos e inseguridades desde el amor y a cerrar el ciclo del sobrepeso como mecanismo de defensa.

Un cuarto paso sería usar lo aprendido de la experiencia con su pareja y compartirlo con él, no para convencerlo de hacer lo mismo, sino para que conozca la experiencia que ella vivió y cómo salió fortalecida. A partir de ahí se generan nuevos acuerdos para la relación de pareja, creando estrategias en conjunto para facilitar la comunicación en los conflictos.

Esta historia muestra la importancia de la conexión personal con el ser para solucionar los problemas que están detrás de la apariencia; para Sara, el problema es su sobrepeso y se enfoca en resolverlo para así gustarse más ella misma y que su esposo la vea más atractiva, pero quizás ella debe hacer conscientes las insatisfacciones en su vida y permitirse sentir esas emociones dolorosas; posteriormente debe decidir qué hacer interiormente, comentar con su pareja los problemas de la relación, llegar a nuevos acuerdos que permitan fortalecer la relación y seguir juntos, o decidir si se separan. Los conflictos con la pareja suelen verse como causas de la inconformidad personal, cuando en realidad pueden ser consecuencias de algo que no se ha hecho consciente en nuestro interior y permanece en las sombras; la convivencia de pareja constituye una gran oportunidad para el autoconocimiento, pero se necesita una actitud de comprensión para estar dispuesto a dejar de proyectar las necesidades personales en una pareja y estar dispuesto al diálogo honesto.

Ejercicio 2

La aceptación del cuerpo

Describe brevemente, a la derecha de la columna con cada parte del cuerpo, tu nivel de satisfacción usando un número del uno al diez: el uno como muy poco satisfecho y el diez como muy satisfecho.

PARTE DE TU CUERPO	NIVEL DE SATISFACCIÓN (UNO AL DIEZ)	DESCRIBE BREVEMENTE TU NIVEL DE SATISFACCIÓN MENCIONANDO DETALLES DE ELLO
Piernas.		
Glúteos.		
Muslos.		
Silueta.		
Peso.		
Cintura.		
Caderas.		
Abdomen.		
Brazos.		
Manos.		
Pies.		
Pelo.		
Orejas.		
Nariz.		
Ojos.		
Boca.		
Color de piel.		
Vello corporal.		

¿Qué parte de tu cuerpo no te gusta? ¿Qué te hace sentir? ¿Cómo crees que te sentirías si la tuvieras como siempre has deseado? ¿Entonces sí serías feliz? Quizás esta parte no sea lo único que no te gusta de tu vida; trata de ubicar las emociones que sientes, descríbelas, reconócelas y bendícelas; están ahí para decirte algo. Quizás existan otras cosas de tu vida que no te gustan y te enfocas en tu cuerpo para distraerte. Voltea a tu interior; observa y siente. ¿Te consideras una persona valiosa y segura de sí mismo? ¿Qué te quita la seguridad? ¿Esa parte de tu cuerpo? ¿Los comentarios de las personas a tu alrededor? Quizás las personas que te rodean están ahí para darte la oportunidad de que te valores, para que aumentes tu seguridad personal al ignorar sus comentarios hirientes. Tal vez debes trascender ese dolor, empezar a agradecer todo lo que tienes, desarrollar la capacidad de entrar en tu ser y reconocerlo y enfocarte en lo importante.

Ejercicio 3

Preocupaciones respecto al cuerpo

Elige la opción que mejor refleja tu punto de vista con respecto a las siguientes preguntas.

	SIEMPRE	CASI SIEMPRE	CASI NUNCA	NUNCA
1. ¿Has estado tan preocupada/o por tu figura que has pensado que deberías ponerte a dieta?				
2. ¿Has pensado que tus muslos, caderas o glúteos son demasiado grandes en proporción con el resto de tu cuerpo?				
3. ¿Has tenido miedo de convertirte en alguien gordo/a (o el/la más gordo/a)?				
4. ¿Te ha preocupado que tu piel no sea lo suficientemente firme?				
5. ¿Te has sentido tan mal con tu figura que has llorado por ello?				

6. ¿El solo hecho de comer una pequeña cantidad de alimento te ha hecho sentir gordo/a?				
7. ¿Te has fijado en la figura de otros jóvenes y has comparado la tuya con la de ellos desfavorablemente?				
8. ¿Estar desnudo/a cuando te bañas te ha hecho sentir gordo/a?				
9. ¿Comer dulces, pasteles u otros alimentos altos en calorías te ha hecho sentir gordo/a?				
10. ¿Te has sentido acomplejado/a por tu cuerpo?				
11. ¿La preocupación por tu figura te ha inducido a ponerte a dieta?				
12. ¿Has pensado que tu figura se debe a causa de tu falta de autocontrol (que no puedes controlar el comer menos)?				
13. ¿Te ha preocupado que la gente vea "llantitas" en tu cintura?				
14. ¿Has vomitado para sentirte más delgado/a?				
15. ¿Verte reflejado en un espejo te hace sentir mal con respecto a tu figura?				
16. ¿Has pensado en hacerte "un arreglo en el cuerpo"?				
17. ¿Has consumido pastillas para bajar de peso?				
18. ¿Has hecho dietas muy estrictas para bajar de peso y luego rebotas?				
19. ¿Te sientes cansado y agotado?				
20. ¿Hay actividades que te gustan mucho y no las puedes realizar por alguna condición de tu estado de salud?				

Este cuadro pretende ayudarte a ver las posibles ventajas y desventajas de algunas de las creencias que puedes tener con respecto a tu cuerpo y cómo pueden estarte afectando. El cuadro puede guiarte en la búsqueda de una relación más sana con tu cuerpo, con la comida y contigo mismo.

ASPECTO SIGNIFICATIVO	POSITIVO	NEGATIVO
1. ¿Has estado tan preocupada/o por tu figura que has pensado que deberías ponerte a dieta?	Decidir alimentarse sanamente es una buena opción; tener un peso y talla saludable generalmente es benéfico, pero es mejor decidirlo desde el amor.	Preocuparte en exceso por tu peso y talla puede ser algo muy superficial que provoque daño a tu autoestima, especialmente si luchas contra el sobrepeso.

151

2. ¿Has pensado que tus muslos, caderas o glúteos son demasiado grandes en proporción con el resto de tu cuerpo?	Querer tener un cuerpo armonioso puede ser saludable, sobre todo si eres joven, pero hay que cuidar no caer en el exceso.	Enfocarte demasiado en tu cuerpo puede hacer que descuides otros aspectos de tu ser que son importantes también.
3. ¿Has tenido miedo de convertirte en alguien gordo/a (o el/la más gordo/a)?	Es conveniente cuidar el peso y talla para mantenerse en un rango saludable acorde a la edad y estatura.	Enfocarse solamente en la apariencia puede encadenarte a la negatividad y al miedo.
4. ¿Te ha preocupado que tu piel no sea lo suficientemente firme?	El miedo a la vejez puede ser una oportunidad para aprender a verte desde el amor, el cual no tiene contrario, ni edad.	Las preocupaciones pueden reducir tu objetividad al mirarte y también el disfrute de la vida en la vejez. No hagas de tu piel un falso ídolo.
5. ¿Estar desnudo/a cuando te bañas te ha hecho sentir gordo/a?	Verte con ojos del amor puede ayudarte a decidir llevar una dieta más sana.	Mirarte desde el miedo puede afectar tu autoestima y dificultar la integración de tu sombra.
6. ¿Comer dulces, pasteles u otros alimentos altos en calorías te han hecho sentir gordo/a?	Probablemente sea conveniente reducir el consumo de estos alimentos; es mejor decidirlo desde el amor.	Cuando luchas por no comer estos alimentos les das un poder que no deberían tener sobre ti y crece el deseo por comerlos.
7. ¿Te has sentido acomplejado/a por tu cuerpo?	Probablemente sea tiempo de que aprendas a verte desde el amor, ser menos estricto para juzgarte y aprender a valorar lo que tienes.	Enfocarse en lo negativo de tu aspecto dificulta tomar buenas decisiones con respecto a la alimentación y otros aspectos de tu vida.
8. ¿La preocupación por tu figura te ha inducido a ponerte a dieta?	Mejorar la alimentación es bueno para la salud, nutre tu cuerpo con alimentos saludable y evita que te juzguen como alguien con sobrepeso.	Ponerse a dieta desde la preocupación puede influir negativamente en los resultados: tus intentos por adelgazar pueden hacer que engordes.
9. ¿Has pensado que tienes tu figura se debe a causa de tu falta de autocontrol (que no puedes controlar el comer menos)?	Una creencia es algo muy poderoso, toma la oportunidad de cambiarla por una más amorosa contigo mismo.	Ahora tienes dos problemas: el sobrepeso y la creencia de que no puedes controlarte.
10. ¿Te ha preocupado que la gente vea "llantitas" en tu cintura?	Quizás debas aprender a verte desde el amor y la comprensión.	Juzgarte con dureza por tu aspecto es algo superficial.
11. ¿Has vomitado para sentirte más delgado/a?	Esto es una oportunidad para analizar tu vida, tu relación con la comida y con tu madre. Hazlo desde el amor, no desde el miedo y la culpa.	Juzgarte por provocarte vómito no ayuda a mejorar tu alimentación, al contrario, la empeora.

152

12. ¿Verte reflejado en un espejo te hace sentir mal con respecto a tu figura?	Es una buena oportunidad para aprender a valorarte.	Es superficial juzgarte por tu apariencia.
13. ¿Has pensado en hacerte "un arreglo en el cuerpo"?	Es buena oportunidad para aprender a verte desde el amor y la comprensión.	Si te juzgas por tu apariencia quizás debes verte más amorosamente.
14. ¿Has consumido pastillas para bajar de peso?	Puede ser una oportunidad para revisar amorosamente tu necesidad de tomar atajos para alcanzar objetivos.	Consumir pastillas para bajar de peso puede ser nocivo para tu salud; pueden tener efectos indeseables en lo que quieres corregir.
15. ¿Has hecho dietas muy estrictas para bajar de peso y luego rebotas?	Puede ser una oportunidad para sanar la relación con la comida, tú madre y contigo mismo. Para algunos psicoanalistas es importante analizar la relación del paciente con la madre para entender los motivos inconscientes que afectan los trastornos alimenticios.	Las dietas estrictas pueden provocar daño en tu salud; es mejor consultar un nutriólogo, además de acompañarse con un psicólogo para que te oriente en el aspecto emocional que influye en tu alimentación para que el control de tu peso sea más integral.
16. ¿Te sientes cansado y agotado?	Puede ser una oportunidad para que revises tu vida desde el amor y la comprensión.	El cansancio frecuente puede obstruir tu alegría y las ganas de vivir.
17. ¿Hay actividades que te gustan mucho y no las puedes realizar por alguna condición de tu estado de salud?	Puede ser una oportunidad para mejorar tu dieta, reducir el consumo de calorías y grasas y revisar con qué emoción estás comiendo.	El sobrepeso puede limitar tu movilidad y la capacidad de disfrutar la vida.

Aparte de la supervisión y acompañamiento del nutriólogo en la atención de los trastornos alimenticios y del peso, es muy importante también el acompañamiento del psicólogo, ya que la relación contigo mismo, con la comida y con tu madre son muy importantes para comprender tu peso corporal. Esta situación de preocupación por el peso es muy común en las mujeres por las exigencias a las que están sujetas por la sociedad misógina. Si tienes un problema de este tipo debes revisar la relación con tu madre; puedes empezar hablando con ella honestamente, si tienes la oportunidad explícale cómo te sientes con sus comentarios y actitudes que te molestan. Puedes ayudarte escribiendo una carta donde describas las emociones con las que habitualmente estás comiendo tus alimentos. Las mujeres tienen la tendencia de proyectar su sombra con mucha intensidad en otras mujeres, de manera que hay mucho que analizar al respecto. Para hacerlo es muy importante evitar culparse mutuamente, porque hay, en esa relación, dos personas lastimadas que tratan de salir adelante. Sugiero hablar de tus preocupaciones en la carta, de lo que quieres corregir en tu vida, de cuánto aprecias lo que tu madre hace por ti, lo que quisieras que cambiara, lo que estás dispuesta a hacer para mejorar la relación y lo que esperas de ella. Esto es un buen comienzo para reconocerse mutuamente y llegar a nuevos acuerdos que permitan llevar a la luz los problemas con la comida. En caso de no poder hacerlo por ustedes mismas pueden hacerlo por medio de un terapeuta que las apoye en el proceso de diálogo y reencuentro.

Ejercicio 4

El cuerpo brinda oportunidades

En este ejercicio anotarás qué parte o partes de tu cuerpo rechazas, describirás la razón por la que no te gusta, y en la columna de la derecha anotarás lo positivo que aporta a tu vida, la oportunidad que te brinda y algún momento de tu historia personal en que eso fue evidente. Este ejercicio tiene el propósito de comenzar a reconciliarte con tu cuerpo que, si bien seguramente no es perfecto, es funcional. En la medida de lo posible lo importante es comenzar a ver tu cuerpo con otros ojos, que en esta vida es el único que tendrás por el tiempo que dure tu estadía en este mundo. Tu cuerpo, a pesar de los defectos que tiene —o que tú crees que tiene—, por esas mismas imperfecciones reales o imaginarias, te ha dado oportunidades que de otra manera quizás no hubieses tenido.

PARTE DE MI CUERPO QUE RECHAZO O QUISIERA NO TENER	DESCRIPCIÓN	LO POSITIVO QUE APORTA A TU VIDA/OPORTUNIDAD QUE TE BRINDA
Ejemplo: no me gusta mi abdomen.	Ejemplo: mi abdomen es demasiado abultado y flácido.	Ejemplo: me da la oportunidad de comenzar una dieta con menos grasas y más actividad cardiovascular.

¿Cuál fue la parte de tu cuerpo que rechazas? ¿Qué te pareció escribir sobre eso? ¿Cómo te sientes después de hacerlo consciente? ¿Más liberado? ¿Más tenso? Enfócate en tus emociones, adéntrate en ellas. Ahora quiero pedirte algo más para ampliar el ejercicio: ¿qué parte de tu vida rechazas? ¿Tu familia? ¿Tu nivel socioeconómico? Siente ese rechazo, reconócelo, vívelo e intégralo: no hay nada de malo en el rechazo, el problema es ignorarlo o negarse a verlo y sentirlo; vívelo, no pasa nada, y descríbelo en tu diario o en alguna carta terapéutica si así lo deseas.

Ejercicio 5

El aprecio del cuerpo

En este ejercicio anotarás qué parte o partes de tu cuerpo te gustan mucho, describirás la razón por la que te gusta tanto, y en la columna de la derecha anotarás lo positivo que aporta a tu vida, la oportunidad que te brinda, y algún momento de tu historia personal en que eso fue evidente. Esto tiene el propósito de reconocer que hay partes de tu cuerpo que valoras mucho y que te han brindado recompensas u oportunidades que aprovechaste a lo largo de tu vida.

PARTES DE MI CUERPO QUE ME GUSTAN MUCHO	DESCRIPCIÓN	LO POSITIVO QUE APORTA A TU VIDA/OPORTUNIDAD QUE TE BRINDA

Comprender la enfermedad

Leonardo es un profesor que trabaja en educación básica desde hace 25 años, hace siete años desarrolló diabetes, por lo cual sufre intensos dolores en su cuerpo debido a la neuropatía diabética: diariamente debe inyectarse insulina desde entonces. Él ha luchado por pensionarse en su trabajo, pero no ha podido, aún le faltan cinco años para poder hacerlo; se siente muy agobiado y cansado de su rutina de trabajo. Tomó el trabajo de profesor por ser seguro y para seguir el ejemplo de sus padres, pero no siente vocación por esta profesión, y se siente muy desesperado y frustrado por no poder pensionarse. Diariamente va al trabajo con una actitud de sufrimiento por el dolor y cansancio, el cual provoca que en ocasiones se quede dormido; por fortuna, su trabajo en el segundo turno es administrativo y tiene oportunidad de dormir un rato en un área donde no hay movimiento de gente a esa hora. Una semana antes de finalizar un periodo de receso escolar, Leonardo murió por una complicación de salud derivada de la neuropatía diabética, faltándole cuatro años para pensionarse en su trabajo.

Esta historia nos muestra el ejemplo de una persona que sufrió un desgaste emocional por 29 años por el hecho de tener que ir a un trabajo que no le gustaba en un horario de nueve horas. Llegó el momento en que el agotamiento lo venció y murió; nunca fue al psicólogo ni con ningún terapeuta que le ayudara a hacer consciente su situación emocional para que pudiera comprenderla, trascenderla y resolverla. Por desgracia no existe hoy en día la cultura de analizar los conflictos emocionales para comprender y complementar la atención de los problemas de salud crónica que aquejan a una gran parte de la población que diariamente realiza trabajos aburridos que no desean hacer, y que vive la agonía de la obligación de hacer algo que no les gusta, lo cual constituye un problema que consume gran parte de los recursos de la salud pública.

Ejercicio 6

Las oportunidades que el cuerpo brinda

Anota las actividades que, por alguna enfermedad o condición especial de tu cuerpo, no has podido realizar. Describe y a la derecha anota las oportunidades que esto te brinda con el propósito de reconciliarte con tu cuerpo. Si decides aprovechar la oportunidad tu vida comenzará a cambiar positivamente.

ACTIVIDAD QUE POR ENFERMEDAD O CONDICIÓN ESPECIAL DE MI CUERPO NO PUEDO REALIZAR	DESCRIPCIÓN	LO POSITIVO QUE APORTA A TU VIDA/OPORTUNIDAD QUE TE BRINDA
Ejemplo: no puedo correr.	Ejemplo: me duelen las rodillas, los tobillos y las piernas cuando lo hago. El dolor es muy molesto.	Ejemplo: si realmente deseo correr, entonces tengo la oportunidad de bajar de peso y buscar estiramientos que permita eliminar el dolor y las lesiones por correr.

¿Qué actividades no puedes realizar? ¿De verdad quieres hacer esa actividad? Quizás realmente no quieras hacerlo y no te permites reconocerlo. En el ejemplo anterior, Leonardo dice que no puede cumplir con su trabajo por su diabetes, pero tal vez es lo cansado y estresado que está de su trabajo: la razón por la que enfermó para no trabajar. Al faltarle todavía cinco años para poder pensionarse, y ante lo difícil de llegar a ese plazo, la muerte puede ser una forma de liberación de esa carga que probablemente significó su trabajo para él.

Autobservación

La autobservación significa darse la oportunidad de mirarse a uno mismo con la curiosidad de alguien que ve algo externo, como si se observara a otra persona. La mente integradora tiene la capacidad de hacerlo al colocarse por encima de los pensamientos, emociones, deseos, necesidades, ilusiones, etcétera. La mente está dividida: una parte corresponde al ego y la otra a la totalidad; la del ego contiene la información que has interpretado e interiorizado con tu experiencia y lo que tu cultura te ha enseñado, para programarte a que reacciones de ciertas maneras; la de la totalidad contiene la quietud, sabiduría, paz interior e inteligencia, que todo lo sustenta. Cuando te das permiso de estar en paz, sin juzgar, puedes mirar imparcialmente lo que ocurre en tu interior; las dos mentes coexisten: una es reactiva y la otra integradora, una busca culpar, la otra pretende integrar. ¿A cuál sirves? ¿Cuál escuchas? ¿Cuál obedeces? ¿Cuál alimentas? Recuerda que cuando luchas contra algo esto toma poder, de manera que al hacerlo estás en la mente de las ilusiones, así, el sueño toma fuerza y se vuelve muy real. Cuando escuchas la mente de la totalidad estás consciente de lo que ocurre en el exterior; pero al igual que las águilas en vuelo te encuentras arriba de la tormenta, ahí no llegan los vientos impetuosos, nubarrones ni la incertidumbre del miedo. En la total calma sabes que todo está bien y puedes interpretar, actuar sin perturbación, eres eficiente y eres capaz de ver la situación; aunque hay cosas que no entiendes, ni te gustan, las aceptas y actúas desde tu corazón en total desapego de los resultados, con la confianza en la abundancia y sabiduría del Universo.

Ejercicio 7

Practicar la autobservación

Para este ejercicio práctico imagina que estás recostado en un parque sobre el suelo, cubierto de pasto. Es una tarde fresca mientras miras el cielo y las nubes que pasan; oyes el canto de los pájaros, el ruido de los vehículos y las conversaciones de las personas a lo lejos. Así, desde tu interior, puedes estar atento a tu cuerpo, tus pensamientos, emociones, deseos, recuerdos y todo lo que aparezca en el momento; hay que observarlo sin juzgar, lo que ves no eres tú, es lo que la ilusión te ha hecho creer que eres. ¿Qué te hace sentir esta idea? ¿Te agrada reconocerlo? ¿Te hace sentir perdido? No importa, esa sensación pasará al igual que todo ha pasado. Recuerda que lo real no cambia, sólo la ilusión lo hace; tu cuerpo se renueva por completo cada siete años mediante el proceso de muerte y regeneración celular, y quizás ya no tengas la pareja o el trabajo que tenías. ¿Esto ha cambiado tu esencia? No. A pesar de que te pueda afectar, tú seguiste siendo el mismo porque no eres tu pareja, ni tu trabajo, ni ninguna de las cosas que aprecias y valoras. Este ejercicio es una buena práctica para integrar y conocer al ser, los deseos, las creencias que te habitan, lo que decían tus padres —y que a veces te escuchas decir— y las actitudes irracionales que te hacen discutir y enfrentar a personas. Todo eso pasa por tu mente: ella es el problema de tu vida, y paradójicamente también contiene la posibilidad del cambio, de trascender todas eso que aprendiste y de valorarlo a la luz de la consciencia observadora. ¿Qué te ha dejado tu forma de ver las cosas? ¿Qué cosas te hacen reaccionar? ¿Qué te emociona? ¿Qué te alegra? ¿Qué te enfada? Probablemente ya te diste cuenta de que tus emociones están pasando continuamente, aunque algunas se quedan por más tiempo. Recuerda que éstas no son buenas ni malas, son la reacción que te permite moverte; aprende a usarlas conscientemente, no te dejes controlar por ellas, si lo haces formarás patrones de pensamiento que te anclan a sentimientos de resentimiento y odio hacia ciertas personas o situaciones. ¿Qué deseos tienes? ¿A quién quieres cambiar o someter? ¿Qué quieres tener? Observa esa parte de ti, seguramente sabes que no puedes hacerlo. ¿Eso te molesta? ¿Te libera? El deseo es algo que quizás aprendiste de tu cultura, si te esmeras puedes recordar las voces que te enseñaron esas ideas; tal vez alguien te dijo que deberías lograr tal o cual cosa, esa persona te lo enseñó pensando que deberías aprenderlo para lograr el éxito en la vida, es probable que no había maldad en ella, sólo ignorancia e hipnosis, al igual que en ti. Esa persona lo aprendió de sus familiares y cultura, por lo tanto, entenderlo podría liberarte de juicios y permitirte comprender mejor. Observa tu sexo, ¿cómo van tus experiencias sexuales? ¿Son placenteras? ¿Son solitarias? ¿Son frecuentes? ¿Son escasas? ¿A qué voz escuchas con respecto a este tema? Hay mucha insatisfacción y morbo con respecto al sexo: oye las voces que te hablan, las sensaciones y sentimientos que te llegan; valóralos, aprécialos. No juzgues, recuerda que te enseñaron lo mejor que pudieron con su nivel de consciencia. Observa ahora a tu cuerpo. ¿Cómo lo sientes? ¿Muy pesado? ¿Liviano? ¿Con energía? ¿Adormilado? Siente tu corazón latir, la sangre que corre por tus venas, el aire que entra en tus pulmones, a su paso llega cada célula de tu cuerpo; siente el agradecimiento por la vida que rebosa en ti. ¿Qué andas cargando de más? ¿Qué te falta liberar? ¿Qué sientes al mirarte? ¿Orgullo? ¿Vergüenza? ¿Aceptación? ¿Resignación? Recuerda no juzgar a tu cuerpo: es el resultado de tu inconsciente. ¿Culparías al cuerpo por obedecer a tu inconsciente? Hay fuerzas que te controlan sin darte cuenta, probablemente digas con enojo: ¿cómo podría yo tener sobrepeso o estar enfermo a propósito? No digo que lo hagas a propósito, quizás estás escuchando voces de las que no eres consciente, por ejemplo, si alguien de tu familia te daba algún panecillo o vaso de leche cuando te escuchaba llorar, o necesitabas atención, entonces en vez de llorar o pedir atención aprendiste a comerte ese panecillo; quizás lo hiciste con tanta frecuencia que tu cuerpo acumuló las calorías y grasas excedentes y tu cerebro creó las conexiones neuronales para mantener ese aprendizaje. ¿Quién es culpable de ese sobrepeso? ¿Tú? ¿Tú cuerpo? ¿Tu programación inculcada por la persona que te daba los panecillos cuando llorabas o pedías atenciones? ¿Tu cerebro por hacer esa conexión neuronal que mantiene esa forma de responder a la ansiedad, miedo o tristeza? Nadie es culpable, cada quien hizo lo que podía con su nivel de consciencia, lo importante es la comprensión, no el juicio. El mundo no necesita ser cambiado, necesita ser comprendido, lo mismo aplica para el cuerpo. Acepta lo que tienes, ámalo con la aceptación de quien mira un campo donde existen cosas que le muestra la diversidad, pide comprensión a la inteligencia universal que sustenta todo; así, poco a poco, el ser se revela en una observación limpia de juicio y culpa.

Ejercicio 8

Identifico fortalezas y debilidades para diseñar plan de trabajo partiendo de la percepción de mi corporalidad

Anota en el cuadro las fortalezas detectadas en los ejercicios previos y cómo las vas a utilizar para tu autoconocimiento y paz interior. Toma en cuenta la dimensión corporal, que se refiere a la forma en que percibes tu cuerpo.

FORTALEZAS	COMO LAS APROVECHARÉ PARA EL AUTOCONOCIMIENTO PERSONAL Y LA PAZ INTERIOR
Ejemplo: tengo un estilo de vida activo, practico deporte con regularidad	Ejemplo: estaré más consciente cuando realice ejercicios para la plena integración de mente y cuerpo. Programaré mis tiempos para un ejercicio adecuado a mi edad y condición física.

Anota en el cuadro siguiente las áreas de oportunidad detectadas en los ejercicios previos y cómo las vas a utilizar para tu autoconocimiento y paz interior. Aquí también debes tomar en cuenta la dimensión corporal.

ÁREAS DE OPORTUNIDAD	COMO LAS TRABAJARÉ PARA EL AUTOCONOCIMIENTO PERSONAL Y LA PAZ INTERIOR
Ejemplo: tengo dolores frecuentes provocados, según yo, por el ejercicio que practico.	Ejemplo: entregaré mi dolor a la inteligencia superior, pediré que se me aclare el error en mi percepción con respecto al dolor.

Resumen

Es muy importante reflexionar sobre nuestro cuerpo, aceptarlo y empezar a reconciliarnos con él, integrando amablemente sus fortalezas y debilidades; es nuestro medio para vivir, nos provee de las herramientas sensoriales para captar el mundo, para entenderlo y para influir sobre él. Si todo esto se hace desde la aceptación, la serenidad y el amor, los resultados serán notablemente mejores.

En el contexto de la vida moderna es prioritario estar en paz con nuestro cuerpo; hay que alimentarse de manera sana y llevar un estilo de vida activo para mantenerlo sano en una talla y peso apropiado a nuestra estatura y edad. Los estándares de belleza de la moda son indicadores de las tendencias mundiales, pero no tienen por qué convertirse en patrones a seguir por todas las personas. Hay cosas más importantes, como el ser y conocerse uno mismo más allá de las apariencias.

Aprender a escuchar a nuestro cuerpo. El cansancio, los dolores y el agotamiento pueden ser indicadores de que nos estamos pasando en lo que le exigimos, que estamos en una actividad que probablemente no nos gusta, o que quizás debamos revisar nuestras creencias con respecto a dicha actividad y verificar si la estamos haciendo desde el amor o desde el miedo. Cuando hacemos cosas desde el miedo es muy común que algo resulte mal o que deba ser corregido, en estas situaciones el cuerpo nos puede hablar por medio del dolor, el sobrepeso o una enfermedad. Hay que tener la disposición para escucharlo y dejar de poner atención a los medios masivos de comunicación o redes sociales que de manera constante nos bombardean con imágenes que muestran los patrones de belleza que cada vez se alejan más de las personas normales, y nos hacen sentir como personas de segunda o tercera categoría que no merecen la felicidad ni un lugar en el mundo.

Sugerencias:

Acéptate. Eres como eres, lo más importante es el ser. Preocuparse en exceso por la apariencia o el qué dirán de ti sólo te debilita y distrae; enfócate en las cosas importantes de la vida, como la comunicación con tus seres queridos, el reconocer tus propias necesidades, compartir y conectarte con la vida y con tu ser.

Acepta lo que sucede en tu vida. Probablemente lo que pasa se debe a un deseo inconsciente, por ello hay que ser tolerantes, pacientes y esperar lo mejor de los acontecimientos; con el tiempo y disposición adecuada te darás cuenta de que fue para bien. Permite que las cosas sean, reconoce que no sabes lo que es mejor para ti ni para los demás, libérate de los juicios y expectativas que no te permiten vivir la experiencia en plenitud.

Decídete a aprender a ver. Es común distraerse con cosas de este mundo que no te enriquecen y que te apartan de lo importante. Date permiso de ver lo importante, recuerda lo que es real no cambia, solamente la ilusión lo hace.

Deja de proyectar en tu cuerpo tus insatisfacciones. Si no aceptas tu cuerpo, quizás te estén pasando cosas en tu vida que no te gustan y no te permites sentirlas. Debes hacerlas conscientes para que dejes de proyectar tus insatisfacciones en tu cuerpo, esto te afecta de formas que quizás no eres consciente. Para comenzar a abrir la consciencia analiza lo que ves en tu trabajo y familia, observa tus sensaciones en cada lugar y recuerda que tienes la tendencia a proyectar tus emociones fuera de ti; entonces, si observas con atención, puedes comenzar a conocerte mejor desde la proyección. En ese caso debes aprender a verte a ti mismo en tus proyecciones, ya que éstas te muestran lo que debes aprender a ver, comprender e integrar.

Preguntas y respuestas

¿Cuál es la importancia del cuerpo para el autoconocimiento?

El cuerpo es muy importante para el autoconocimiento, ya que en ciertas partes del cuerpo se quedan atrapadas algunas emociones y tensiones; esto puede provocar algún tipo de problema, dolor o enfermedad en el funcionamiento de alguno de los órganos específicos o de los sistemas muscular, respiratorio, óseo, glandular, entre otros, de ahí su importancia. Al ser nuestra parte visible para el mundo, y al ponerle tanta atención, es muy vulnerable a las proyecciones inconscientes, algo que siempre observamos.

¿Puede dar un ejemplo de proyección en el cuerpo?

Una mujer profesionista de 28 años que vive en unión libre con su pareja tiene un hijo y hace aproximadamente siete años que tienen problemas serios de pareja. Él es celoso, poco cariñoso y casi no participa en las tareas domésticas ni de crianza; ella es impaciente y quiere sentirse querida y apoyada. Hace un año que está muy molesta con su relación, pero no se atreve a dar el paso de la separación. Un día sale a hacer un trámite y de regreso a casa se lastima un tobillo, situación que la obliga a tener tres meses de reposo, en ese tiempo tiene oportunidad de decidir con calma lo que hará con su relación, la lesión le brinda ese tiempo y experiencia de vida que necesita para decidir.

Otro ejemplo puede ser cuando alguien se enferma de manera inconsciente en el día en que debe hacer algo que no desea hacer. Las somatizaciones suelen ser muy reales para quien las vive, son una forma de evitar algo que no se tiene la madurez para reconocer, expresar o resolver de manera asertiva por el miedo a las consecuencias.

¿Cómo puedo saber si hay una proyección en mi cuerpo?

No existen recetas para ello, el inconsciente es propio de cada persona, aunque hay similitudes entre culturas; lo mejor para saberlo es el autoconocimiento. Explorar el inconsciente nos ayuda en ese sentido; conocer los miedos, preocupaciones y deseos nos puede ayudar a identificar las proyecciones, pero eso es un proceso que requiere honestidad, valentía, disposición y disciplina. Tal vez la pregunta deba ser: ¿cómo puedo descubrir las proyecciones de mi mente inconsciente en mi cuerpo? Generalmente podemos darnos cuenta de las proyecciones cuando nos sentimos intranquilos, ansiosos o preocupados por algo. Al hacerlas conscientes y expresarlas con palabras ayudamos, en cierta forma, a liberar parte de esa emoción; la otra parte se libera al quitarle importancia, ya que si algo cambia debe ser aceptado y acogido con la sabiduría de quien sabe que el cambio es una constante en el mundo de la ilusión.

¿Qué hacer cuando detectamos algo que no nos gusta en nuestro cuerpo?

Cuando nuestro cuerpo no nos gusta suele haber otras cosas que tampoco nos gustan de nuestra vida, quizás el disgusto con nuestro cuerpo sea una distracción o cortina de humo de algo más importante, como un ego que desea alimentarse de conflicto, inconformidad y separación. Por ejemplo, es posible que una persona con mucho sobrepeso pretenda ocultarse inconscientemente en la grasa corporal para sentirse mas seguro y protegido, esto es una posibilidad. Si una persona hace consciente sus miedos y los resuelve, generalmente temas como el sobrepeso también se solucionan.

¿Y si no quiero conocer mi inconsciente y prefiero hacerme un arreglo mediante cirugía estética?

Es una posibilidad válida. Mucha gente lo hace y al parecer les funciona, por fortuna hay quienes tienen la libertad y posibilidades económicas de hacerlo. Cada vez más personas toman esta opción, desafortunadamente algunas personas casi han perdido la vida en esas cirugías o han quedado con daños irreversibles en alguna parte de su cuerpo; aunque también hay muchos casos exitosos donde las personas logran mejorar su apariencia sin consecuencias importantes para su salud. Decidir hacerse un arreglo mediante cirugía estética es un acto de libertad personal.

¿De qué forma me puede ayudar hacer consciente un conflicto inconsciente en relación con mi cuerpo?

Esa es una pregunta muy interesante. Por ejemplo, si alguien tiene diabetes por una lealtad familiar inconsciente, donde esa persona probablemente esté buscando ser amado y reconocido por su madre o por su padre, que también la padece, entonces al hacer consciente el probable pensamiento inconsciente: "a ver si con la diabetes consigo que mi padre (madre) me quiera ahora que tengo diabetes", existe la posibilidad de que mejore el pronóstico de salud de la persona, reduciendo el deterioro o evolución del padecimiento, o quizás se resuelva el conflicto detrás de la enfermedad. Sin embargo, las posibilidades de conflictos inconscientes en la diabetes, como en la mayoría de las enfermedades, son variadas y dependen de cómo se viva el conflicto personal desencadenante del comienzo del trastorno de salud. Aunque existen similitudes en algunos casos, el autoconocimiento personal ayuda en ese sentido, desafortunadamente, la mayor parte de las personas se resiste a ir a terapia psicológica.

¿Es posible que siempre exista una proyección en la enfermedad?

Siempre existirá la posibilidad de que se presente algún conflicto inconsciente en una enfermedad, pero hoy en día no existe la cultura de buscarlo; quizás por el miedo o vergüenza a sentirse descubierto. Tradicionalmente se tiene la creencia de que no hay que mostrar las vulnerabilidades, porque la persona que lo hace se expone ante quien pudiera intentar dañarla; ese miedo puede ser la causa de negar o ignorar las debilidades o miedos. En el libro *El arte de la guerra* de Sun Tzu se dice: "Engaña a tu enemigo para que piense que tu debilidad es tu fortaleza", algo similar hace quien emplea los mecanismos de defensa, como si la vida fuese una guerra y se estuviese rodeado de enemigos. Tal vez las siguientes preguntas nos ayuden un poco: ¿cuál será la proyección inconsciente en mi enfermedad? ¿Cómo puedo descubrirla? ¿Para qué me enfermo?

Conclusiones

Aprender a reconocer y amar nuestro cuerpo es una necesidad para la mayoría de las personas; quisiéramos estar más delgados y ser más atractivos, además de algunas otras características, y creemos que si las tuviésemos probablemente nos ayudaría a sentirnos mejor. Nuestro cuerpo al igual que todo lo humano —en este mundo— es imperfecto:

puede poseer, de manera natural, una belleza funcional, pero carecer de la belleza estructural de las exigencias modernas del mundo de la moda. Reconciliarnos con nuestro cuerpo es una necesidad del siglo XXI, es algo novedoso por las opciones que nos ofrece la medicina y tecnología moderna. Las personas debemos decidir si modificamos nuestro cuerpo o lo dejamos como es, ya que cada vez más personas tienen la opción de moldearlo ante la facilidad actual. Esta decisión, más allá de lo bien o lo mal que pueda parecer, es un acto de libertad que tiene consecuencias en el corto, mediano y largo plazo. Asumir los riesgos es un acto personal de madurez y responsabilidad. Psicológicamente siempre ayuda el reconciliarnos con nuestra sombra. Cada género lo vive de forma diferente: el hombre deberá aprender a reconocer, aceptar y canalizar su violencia asertivamente, a la vez que, con ternura, repara los daños que ocasiona sin querer; la mujer deberá aprender a hacer lo propio con la sobreprotección y empoderarse sin utilizar la violencia masculina en exceso, sino con el poder propio de la feminidad madura que se reconoce a sí misma sin complejos, límites que le impone la sociedad y sus propios temores e inseguridades. Para ello, ambos necesitan apoyarse, porque si bien pueden hacerlo de manera independiente, el proceso se facilita desde la colaboración. Muchos de los conflictos de aceptación del cuerpo vienen de un conflicto de la sombra masculina y femenina sin resolver; la libertad del siglo XX trajo consigo la necesidad de responsabilidad, no se puede tener una sin la otra. Ambas se precisan para el equilibro, la madurez y la paz interior; querer gozar de libertad sin responsabilidad es libertinaje, a la inversa es tiranía, y ya vivimos suficiente de las dos en la historia humana; el camino de aquí en adelante depende de nosotros y de aceptar y amar nuestro cuerpo para dejar de proyectar en él nuestros miedos, complejos e inseguridades. Debemos conocer nuestro inconsciente para vivir con más libertad, acercándonos a nuestro ser conociendo y atendiendo nuestras necesidades reales. El cuerpo es donde la ilusión de este mundo se refleja de manera importante. Por un lado crees que estás anclado en tu cuerpo, pero espiritualmente no existe evidencia de que estás ahí: en lo espiritual eres consciencia. Ésta, en opinión de la mayoría de los místicos, se ubica en la totalidad y no muere ni nace con tu cuerpo, es algo que ni se crea ni se pierde, sólo se transforma, porque somos energía e información.

Culturalmente existe una adoración al cuerpo; tendemos a valorar nuestra autoestima con base en él y si cumple con ciertas medidas o características, pero el cuerpo es sólo el medio para operar en el mundo, que conocemos por nuestros sentidos. No obstante, este mundo no es el único, también existe un mundo espiritual que está más allá de nuestra comprensión; muchos autores y religiones hablan ampliamente sobre este punto. Tu cuerpo, al igual que todo lo que te rodea, es una creación inconsciente personal, tal vez te gusta o quizás no, pero si aprendes a verlo con la comprensión de una consciencia extendida empezarás aceptarlo con amor. Al hacerlo es probable que empieces a amarlo y a entender un poco mejor su función y cuidado.

Conclusiones en frases cortas

- No soy mi cuerpo, esa es sólo mi apariencia.

- Mi cuerpo es la expresión combinada de fuerzas inconscientes y conscientes; conforme avanzo en su conocimiento y comprensión la consciencia gana terreno.

- Yo no soy obeso, es sólo mi intento inconsciente de protegerme.

- Yo no tengo un cuerpo perfecto, no lo necesito.

- Yo no soy machista, sólo niego mi feminidad.

- El cambio verdadero precisa del amor y la aceptación, no del juicio.

- El mundo no necesita ser salvado, sólo requiere aceptación, amor y comprensión.

"Es a través de la gratitud por el momento presente que se abre la dimensión espiritual de la vida".

Eckhart Tolle

El espíritu

La espiritualidad está basada en la certeza de que somos algo más que carne; fuimos algo antes de nacer y algo seremos después de morir. Seguramente todos vivimos un proceso en el que nos dimos cuenta de que existíamos, empezamos a preguntarnos: ¿quién soy? ¿Qué hago aquí? ¿De dónde vengo? ¿A dónde voy? Preguntas que nos agobian y que obtienen diferentes y variadas respuestas dependiendo de las fuentes o personas que consultes para ello, del lugar del mundo en que habites y, por supuesto, del tiempo en que te toca vivir. Son muchos los cambios que ha enfrentado la humanidad en su paso por la Tierra, pero casi desde el principio volteamos hacia el cielo en busca de respuestas, quizás en un deseo inconsciente de reconocer la fuente de dónde vienen los materiales de los que estamos hechos, los cuales proceden de las estrellas. La inmensidad del cielo estrellado fue nuestro primer libro de texto, la primera fuente de consulta para la toma de decisiones importantes individuales y de la comunidad, algo innato en nosotros nos guio a mirar en esa dirección.

Quizás este primer acercamiento nos aproximó a la creencia de una divinidad o inteligencia creadora; fue la búsqueda de señales que nos guiarian en nuestro camino por la Tierra para saber que tomamos la decisión correcta avalada por esa inteligencia creadora, que naturalmente dimos por sentado que existía y que nos enviaba señales desde el cielo o de algún otro lugar. Lo cierto es que existe en nosotros la disposición para creer en algo más grande y poderoso que sustenta todo. ¿Dónde está esa inteligencia? La mayoría de los místicos la ubican en el interior de ser humano, otros fuera de él porque consideran que es sólo pecado e incapaz de albergar esa impecabilidad. Cada uno es libre de pensar lo que quiera, pero *Un curso de milagros* dice que esa inteligencia forma parte del interior de ser humano, que no tiene que buscar afuera ya que vive en su interior, pero el ruido mental no lo deja verla.

En los primeros años de la historia humana, los gobernantes de diferentes lugares del mundo decían tener un origen divino, es decir, creían ser elegidos por Dios para desempeñar la tarea de gobernar. Desde luego esto provocó problemas con las personas que tenían riquezas similares o incluso superiores a los gobernantes, quienes no se sometían fácilmente a los lineamientos propuestos por los reyes o emperadores ya que ellos también tenían poder económico, político e intereses diversos. Por lo tanto, fue inevitable que el poder económico entrara en conflicto con los monarcas o gobernantes "elegidos por dios", generando inconformidades que llevaron a la humanidad a la Revolución francesa, con la cual dio comienzo un movimiento político y social que terminó con la mayoría de las monarquías o gobiernos absolutistas alrededor del mundo casi al mismo tiempo. Un grupo de intelectuales, casi a finales del siglo XVIII, brindaron los elementos básicos para la creación y establecimiento de un gobierno democrático elegido por el pueblo y con división de poderes, dando lugar a que por primera vez en la historia el pueblo eligiera a sus gobernantes y les otorgara un poder fragmentado y parcial, lo cual limita sus posibilidades de actuación desde el marco de la legalidad. Esto significó, prácticamente, la llegada a la adultez de la especie humana, que ahora elige de manera autónoma al líder que dirigirá el destino de su pueblo y otorga poder a un grupo de personas, en el cual la voz de Dios no tiene tanta influencia e importancia. Hoy en día, los seres humanos dirigen su política, economía, educación, salud y desarrollo basándose en un plan de gobierno, para lo cual la mayoría de los países siguen los lineamientos y disposiciones de la Organización de las Naciones Unidas y sus diferentes organismos; los cuales dan la pauta para el desarrollo de los países en la economía global, donde lo importante es tener, quedando el ser relegado a una posibilidad de que el individuo, por sí mismo, encuentre el interés y la motivación para ser en medio de una cultura que destaca a los que tienen poder, sin importarle los medios para lograrlo.

México se distingue por los niveles altos de corrupción, ocupando los primeros lugares en ello, según el Índice de Percepción de la Corrupción (IPC) 2020, y los últimos en las evaluaciones de la Organización para la Cooperación y el Desarrollo Económico del sistema educativo. Esto es parte de un problema que lo mantiene en una situación de rezago. Esto, por supuesto, no es ningún indicador significativo del nivel de espiritualidad de su gente, pero sí habla de la falta de solidaridad como cultura, en la cual haría falta promover un gobierno que creara las bases para que las diferencias entre ricos y pobres se hicieran menos grandes y que la totalidad de la población tuviera la posibilidad de tener un trabajo, alimentación y vivienda adecuada. Con los altos niveles de corrupción unos cuantos tienen mucho y la mayor parte no tiene lo básico para vivir con dignidad y para dar a los suyos lo necesario para subsistir. México se constituyó como república al inicio del siglo XIX; al principio, como la mayor parte de los gobiernos del mundo, tenía control sobre su territorio para regular el comercio y el establecimiento y cobro de aranceles a productos y servicios de importación, pero de manera gradual, con la globalización, este control se perdió, de tal manera que, a finales del siglo XX, las grandes corporaciones internacionales tomaron el control del país con programas y políticas de desarrollo que favorecen los intereses de las empresas internacionales. Hay una pésima distribución de oportunidades para desarrollar prosperidad: el narcotráfico, la policía y la política se unen en una corrupción que dificulta el sano desarrollo económico; por lo tanto, la espiritualidad está muy alejada de nuestro gobierno y de una parte del pueblo, que diariamente lucha por sobrevivir ante la falta de oportunidades. Pero esta misma situación que aparenta ser desfavorable puede dar la oportunidad de que el pueblo mexicano se regale la oportunidad de vivir desde la espiritualidad.

En términos generales, la espiritualidad nos conecta con algo más grande que nosotros: la certeza que hay un creador de todo, una fuerza, una inteligencia que no podemos ver. Si tenemos la disposición y apertura podemos llegar a sentirlo en nuestra vida. La razón de incluirlo aquí es porque, aunque nosotros no queramos aceptarlo o nos resistamos a creer en ello, hay algo en este aspecto que afecta a nuestras vidas de manera consciente o inconsciente. Los ejercicios y reflexiones derivados de las actividades propuestas en el libro pretenden ser una guía sugerida para conocer un poco mejor este aspecto para que tu vida sea más rica, abarque más dimensiones y sea más integradora.

La seguridad en que los humanos tenemos un espíritu o alma inmortal, un componente que existía probablemente desde el inicio de los tiempos y que seguirá existiendo después de que el cuerpo muera, da una sensación reconfortante que puede ayudarnos a sobrellevar mejor las dificultades de la vida. Seguramente pensar que somos sólo carne, piel y hueso, algo que un día morirá, se pudrirá y será alimento de gusanos para regresar a la tierra, es algo que quita a la vida significado y trascendencia.

Algunas personas que han regresado de experiencias cercanas a la muerte explican que al momento de morir sienten que se desprenden de su cuerpo y recorren la sala donde se encuentran, que pueden ver su cuerpo y a las personas alrededor. Si tenían alguna condición de discapacidad al momento de morir, ésta desaparecía; de manera que personas ciegas, al regresar de la muerte, contaban que vieron a las personas que estaban junto su cuerpo y pueden describir detalles de la habitación, así como las personas que estaban en ese momento, cosas que no tenían forma de saber por estar inconscientes durante el tiempo que estuvieron sin signos vitales. Experiencias como estas son narradas por Elisabeth Kübler-Ross en sus libros sobre el tema de la muerte.

Con todo lo revisado anteriormente es preciso entender que la espiritualidad es una necesidad de la sociedad moderna; el estilo de vida consumista, la cultura que valora el tener, el egoísmo y la confusión, todo eso nos aleja del ser. Hoy más que nunca necesitamos rescatar nuestra espiritualidad, de lo contrario perderemos el rumbo; ese es un camino que cada uno deberá recorrer a su propio paso. En la medida de lo posible este libro es un manual para ayudarte a dar los primeros pasos en ese sentido mediante estas pequeñas reflexiones iniciales para comenzar a entender la necesidad de hacer un espacio para la espiritualidad en nuestras vidas, y, posteriormente, a través de unos ejercicios que te permitirán avanzar por este camino.

Un ejemplo de distorsión de la percepción

Enrique es un niño de nueve años que tiene miedo a la oscuridad. Habitualmente cuando despierta en la noche mira a su alrededor: el cuarto luce aterrador, voltea hacia la ventana y ahí está un fantasma que lo mira. Él se asusta, su primer impulso es taparse con la cobija; lo hace pero no puede evitar sentir la mirada penetrante de la entidad que lo observa. Después de un rato de angustia recuerda que su padre le dio una linterna como herramienta contra la oscuridad; entonces se arma de valor, mete la mano bajo la almohada, donde tiene la linterna, y de inmediato la enciende y apunta en dirección al amenazante monstruo, el cual desaparece enseguida. Para su alivio se da cuenta de que el fantasma era en realidad una cortina que, en la oscuridad, su mente le hizo creer que era un fantasma. Al darse cuenta del error de percepción sonríe para sí mismo, eso le ha pasado muchas veces, pero siempre vuelve a caer en la ilusión. Sus padres le han explicado que un cerebro adormilado se inventa fantasías y que las sombras que se ven adquieren formas de figuras atemorizantes; sabe lo que sus padres le han dicho, pero en repetidas ocasiones ocurre lo mismo: su miedo a la oscuridad lo predispone para que crea ver fantasmas en lugar de los objetos inofensivos que están en su propio cuarto.

Así como Enrique se asusta de las cosas que ve en la oscuridad de su cuarto, pero que al encender la luz puede ver que no hay nada que temer, las personas adultas también estamos llenas de temores. En las sombras de nuestra vida vemos cosas amenazantes, la oscuridad que nos rodea la constituye nuestro inconsciente y las creencias. La oscuridad de nuestros miedos distorsiona lo que vemos, por eso debemos llevar esos miedos a la luz. Esa luz puede ser la espiritualidad, la confianza en que estamos rodeados de hermanos que nos ayudarán a solucionar los problemas que creemos tener, es decir, la certeza de que todo estará bien porque creemos en un poder superior que nos protege, el cual constituye una unidad de la cual todos formamos parte.

Algunas condiciones para desarrollar espiritualidad:

Estar dispuesto a creer en un poder superior. Existen muchas dudas en cuanto a la forma en que el ser humano apareció en la Tierra; ha sido un largo viaje en el tiempo y existen muchos vacíos en la información disponible sobre el origen del hombre. Hace aproximadamente 5, 000 años que el humano aprendió a escribir, desde entonces se aceleró la capacidad de compartir información y el desarrollo de conocimiento en diferentes áreas, sin embargo, pese a este significativo avance, en el aspecto espiritual aún hay muchas preguntas sin respuesta: ¿quién soy? ¿Hacia dónde voy? ¿Cuál es el sentido de la vida? Creer que somos parte de algo más grande es un pequeño salto de confianza que te ayuda a aceptar de mejor manera los vacíos en el conocimiento y te da fortaleza para enfrentar la adversidad. Estar dispuesto a aceptar esa inteligencia creadora del todo que nos rodea es de gran ayuda para la paz y el autoconocimiento.

Aceptar que todos somos uno. La espiritualidad te permite aceptar que somos parte de la totalidad, que todos somos uno y que nadie es más que otro; así, al sentirte parte de algo más grande, tienes un consuelo para nunca sentirte solo ni en peligro real.

Aprender a entregar tu vida y tus problemas a un ser superior. Cuando entiendes que vives en la ilusión aprendes a entregar tus pendientes y tu vida a un ser superior que te guiará en el trayecto de la vida para resolver los pendientes sin mayores dificultades. De esta manera te liberas del sufrimiento de la ilusión que te hace creer que las cosas son demasiado complicadas; te libera también de la costumbre de juzgar como malo todo aquello que crees que no favorece tus planes personales porque no sabes lo que es mejor para ti. En ocasiones algo que creías negativo te ha fortalecido de formas que no creías posibles y saliste de la experiencia más sabio y fuerte de lo que eras.

Estar dispuesto a perdonar y perdonarte. Este es un aspecto básico para la espiritualidad; cuando perdonas te liberas a ti mismo de las cadenas del resentimiento y estás dispuesto a comprender a la persona que te lastimó de alguna manera. Al hacerlo perdonas tus errores y dejas de proyectar tus culpas en los demás, así los liberas y te liberas; esto te permite paz interior y un estado que te facilita un poco entender las complejidades de este mundo.

Empezar a visualizarte como un proyecto del Universo. Reconocerte como proyecto del Universo te permite saber que tienes tu lugar en la vida, eso facilita la aceptación de las posibles fallas que puedes percibir en ti mismo y los demás; también puedes empezar a ver la importancia de las oportunidades que te brinda la interacción social diaria para tu crecimiento y mejora personal, ya que cotidianamente los espejos te mostrarán áreas de oportunidad de tu vida que podrás corregir. La paciencia, la tolerancia y la aceptación constituyen una asignatura pendiente para casi todos.

Aceptar que cada persona forma parte de una totalidad. Esto es algo que te da un sentido de pertenencia: sentirte parte del Universo es algo hermoso que te une a tus hermanos, te ayuda a entender la imperfección humana, a aceptar que formas parte de cada uno, de ti y tus hermanos, y te brinda una comprensión que abarca toda la creación humana.

Ejercicio 1

La relación con Dios

Escribe brevemente tu relación con Dios, cualquiera que sea tu idea de él. ¿Lo reconoces? ¿Lo niegas? ¿Lo quieres? ¿Lo odias? Escribe brevemente todas tus ideas sobre el tema.

Ejercicio 2

Las dudas para decidir hacer algo

Describe una situación que te preocupe en la que no sabes cómo actuar. Explica las razones de tus dudas. ¿Qué pasaría si optaras por una u otra decisión? ¿Por qué te preocupa tanto lo que pueda resultar?

[   ]

Cuando no sepas qué hacer, no hagas nada: una historia de inspiración budista

Buda y sus discípulos emprendieron un viaje por diversos territorios y ciudades. Un día en que el Sol brillaba con todo su esplendor vieron a lo lejos un lago y se detuvieron, asediados por la sed. Al llegar, Buda se dirigió a su discípulo más joven e impaciente y le dijo:

—Tengo sed. ¿Puedes traerme un poco de agua de ese lago?

El discípulo fue hasta el lago, pero cuando llegó, un carro de bueyes comenzaba a atravesarlo y el agua, poco a poco, se volvió turbia. Ante esto, el discípulo pensó: "no puedo darle al maestro esta agua fangosa para beber", por lo que regresó y le dijo a Buda:

—El agua está muy fangosa. No creo que podamos beberla.

Pasado un tiempo, Buda volvió a pedir al discípulo que fuera hasta el lago y le trajera un poco de agua para beber. El discípulo así lo hizo. Sin embargo, el lago todavía estaba revuelto y el agua perturbada. Regresó y con un tono concluyente dijo a Buda:

—El agua de ese lago no se puede beber, será mejor que caminemos hasta el pueblo para que sus habitantes nos den de beber.

Buda no le respondió, pero tampoco realizó ningún movimiento. Permaneció allí. Al cabo de un tiempo le pidió al mismo discípulo que regresara al lago y le trajera agua. Éste, como no quería desafiar a su maestro, fue hasta el lago; iba furioso, pues no comprendía por qué tenía que volver si el agua estaba fangosa y no podía beberse.

Al llegar, observó que el lago había cambiado su apariencia: tenía buen aspecto, lucía calmo y cristalino. Recogió un poco de agua y se la llevó a Buda, quien antes de beberla la miró y le dijo a su discípulo:

—¿Qué has hecho para limpiar el agua?

El discípulo no entendió la pregunta. Él no había hecho nada, era evidente. Entonces, Buda lo miró y le explicó:

—Esperaste y la dejaste ser. De esta manera, el lodo se asentó por sí mismo y ahora tienes agua limpia. ¡Tu mente también es así! Cuando se perturba sólo tienes que dejarla estar. Dale un poco de tiempo. No seas impaciente. Todo lo contrario: ¡sé paciente! Tu mente encontrará el equilibrio por sí misma. No tienes que hacer ningún esfuerzo para calmarla. Todo pasará si no te aferras.

Ejercicio 3

Escala de prácticas de espiritualidad

	SIEMPRE	CASI SIEMPRE	CASI NUNCA	NUNCA
1. ¿Practicas meditación?				
2. ¿Practicas el perdón como parte de tu práctica espiritual?				
3. ¿Te sientes cerca de Dios o de un poder superior en los momentos importantes de tu vida?				
4. ¿Tus creencias espirituales te ayudan a responder tus inquietudes sobre el significado de la vida?				
5. ¿Te has sentido conectado con la totalidad?				
6. ¿Alguna vez depositaste tus problemas en un ser superior para que él se encargara?				
7. ¿Alguna vez has reconocido que no tienes idea de casi ningún tema porque hay demasiada información contradictoria?				
8. ¿Estás consciente de tu ira y tu miedo en las relaciones?				
9. ¿Puedes reconocer cuando actúas desde el miedo o desde el amor?				
10. ¿Acostumbras a culpar a los demás de tus estados de ánimo?				
11. ¿Reconoces que la espiritualidad demanda que trates a tu hermano y a ti mismo con amor?				
12. ¿Te cuesta trabajo tratar a tu hermano con amor?				
13. ¿Te cuesta trabajo tratarte a ti mismo con amor?				
14. ¿Tienes alguna adicción?				

Este cuadro pretende ayudarte a ver las posibles ventajas y desventajas de algunas de las creencias y actividades sobre la espiritualidad.

ASPECTO SIGNIFICATIVO	POSITIVO	NEGATIVO
1. Practicar meditación.	La meditación es una excelente práctica que permite aquietar la mente, esto puede ayudar a comprender y ver mejor.	No tiene, aunque al principio para algunas personas puede parecerles demasiado frustrante y esto les desanime a hacerlo.
2. Practicar el perdón.	Practicar el perdón es una forma de mantenerse saludable y desapegado del pasado.	Puedes llegar a engañarte con frases como "perdono, pero no olvido", la cual, evidentemente, refleja una falta de perdón real.
3. Sentirse cerca de Dios o de un poder superior.	Hacerlo es bastante beneficioso y le aporta a tu vida una conexión con la totalidad.	Hacerlo únicamente cuando las cosas ocurren a tu conveniencia o conforme a tus deseos es algo selectivo y controlador.
4. Sentirse conectado con la totalidad.	Hacerlo te da un sentido de pertenencia en el mundo que facilita el desapego.	Si te enfocas demasiado en buscarlo puede distraerte y la misma insistencia se convierte en obstáculo.
5. Depositar tus problemas en un ser superior para que él se encargue.	Cuando reconoces que no sabes qué hacer es muy saludable aquietar la mente y abrirse a las posibilidades de entregar la situación a un ser superior.	Únicamente deberás entregarle las cosas de las que no puedes llevar a cabo, pues el ser superior no es un sirviente que se encargará de lo que puedes hacer.
6. Reconocer que no tienes certeza de casi ningún tema porque hay demasiada información contradictoria.	Es muy bueno reconocer los límites de la información que tenemos disponible, la cual suele ser demasiado contradictoria. Esto hace consciente la ilusión del conocimiento y la confusión mental.	Puedes llegar a enojarte contigo mismo por la confusión y falta de paz sin darte cuenta de que hacerlo es algo muy tonto. Esto incrementa la proyección de la culpa como intento de liberación inconsciente para alejarla de ti.
7. Hacer consciente tu ira y miedo en las relaciones.	Al hacerlo dejas de esperar que las relaciones especiales te den felicidad y renuncias al control.	Esta falta de consciencia puede mantenerte en la culpa y la proyección inconsciente.
8. Reconocer cuando actúas desde el miedo o desde el amor.	Es muy positivo reconocer cuando actúas desde el miedo porque entiendes que es tiempo de tomar distancia de la situación y aquietar la mente.	Cuando no eres capaz de distinguir tus actos desde el miedo, la ansiedad, angustia, desesperación, ira y temor no te dejan descansar; entonces la percepción se distorsiona y alimenta al miedo.

9. Culpar a los demás de tus estados de ánimo.	No tiene nada de positivo, al contrario, evita que madures emocionalmente.	Es una práctica que te encadena a la inmadurez emocional y a la repetición de situaciones.
10. Reconoces que la espiritualidad demanda que trates a tu hermano y a ti mismo con amor.	Hacerlo ayuda al crecimiento de la consciencia y a la práctica del amor.	Puede ser negativo si lo haces por obligación y sin amor real, entonces se vuelve una carga y te genera resentimiento.
11. Te cuesta trabajo tratarte a ti mismo con amor.	Reconocer esa dificultad es una oportunidad para que revises las proyecciones de culpa que haces a las personas que te rodean y para que te veas desde el amor.	Puede llenarte de culpa y enojo hacia ti mismo, lo que te puede provocar un problema de salud.

Ejercicio 4

Espiritualidad y amor

La espiritualidad requiere que exista amor en tu vida y en la forma en que tratas a los demás y a ti mismo. Explica brevemente tu forma de expresar, demostrar y vivir el amor en tu vida.

El amor es una condición para la espiritualidad; analiza los diferentes aspectos de tu vida y revisa en cuál hace falta. Podrás darte cuenta cuando percibes que hay sufrimiento. Por ejemplo, una persona dice que es un buen hijo porque visita a sus padres todos los días, pero en ese tiempo se la pasa peleando con ellos porque no aprueba lo que hacen y quiere que cambien en algo que no aprueba. Ese enojo y desaprobación es falta de amor, probablemente está visitándolos por obligación; el amor implica aceptación. Cuando aceptamos a las personas como son, podemos entender sus puntos de vista sin juzgarlos; también podemos aceptar a alguien que resulte insoportable, en los dos casos hay aceptación, pero hay diferencias importantes en uno y otro. En el caso de aceptación sin amor tú desapruebas las conductas de tus padres y eso te produce cansancio e inconformidad. Crees que eres un buen hijo si los visitas, pero en realidad no quieres hacerlo, entonces la visita se convierte en sacrificio y ésta en resentimiento inconsciente; en el segundo caso comprendes que tienen puntos de vista diferentes al tuyo y aceptas esa diferencia sin que te produzca malestar porque los ves con amor y comprensión. En este nivel de consciencia puedes decidir visitarlos o no; sin importar lo que hagas te sientes en paz contigo mismo por hacer lo que en verdad quieres. ¿En cuales áreas de tu vida domina el miedo?

Podemos darnos cuenta de que hay miedo cuando nos esforzamos para evitar que algo suceda. Por ejemplo, si visitamos a nuestros padres para que no piensen que somos malos hijos, estas visitas no son actos de amor, sino actos de miedo, porque no queremos enfrentar el juicio de desaprobación y preferimos someternos. Si visitamos a los padres y no queremos hacerlo estamos ansiosos y no disfrutamos del momento; o en caso contrario, podemos no ir obligados y nos sentimos molestos por no poder hacer lo que realmente queremos. Este acto de miedo fortalece la separación con nuestros padres y con nuestro ser. ¿Cómo y para qué ocurre esa separación? Cuando actuamos por amor lo hacemos desde la coherencia y puede ser que eso nos traiga alguna consecuencia, pero al enfrentarla desde el amor hay una integración del ser y la situación fluye, de manera que fortalece la unión e integración.

Ejercicio 5

Lo positivo de la espiritualidad

Lee con detenimiento el siguiente cuadro donde se dice lo positivo de la espiritualidad y te sugiere pautas de pensamiento para comenzar a integrarla en tu vida.

ASPECTO DE LA ESPIRITUALIDAD	ASPECTOS POSITIVOS DE PRACTICARLO	PAUTA MENTAL
Meditación.	Paz mental, equilibrio hormonal, salud, claridad y paz interior.	Estoy dispuesto a lograr paz interior desapegándome de mis creencias y aprendiendo nuevas formas de respuesta al estrés. Dedicaré tiempo diariamente a la meditación y a la respiración serena y profunda.
Perdón a los demás y a mí mismo.	Paz mental, tolerancia, sentido de pertenencia y coherencia mente-corazón, te liberan del pasado y te permiten estar en paz en el presente. El estado de coherencia se da cuando haces lo que realmente quieres, eso es lo que da paz interior.	Estoy dispuesto a perdonar a los demás por lo que creí que eran errores. Estoy dispuesto a abrir mi mente y corazón para ver las cosas que me producen resentimiento de otra manera. Pido al ser superior que corrija mis errores de percepción.
Conexión con la totalidad.	Sentido de pertenencia a algo más grande que tú; puedes verte como parte de la creación, agradeces ser parte del todo y bendices a la creación.	Estoy dispuesto a reconocerme como parte de la creación, no soy más ni menos que otros. Tengo y otorgo el derecho a existir de todos los seres vivos que me rodean, bendigo a la creación y doy gracias por ser parte de ella.
Entregar los problemas a un ser superior para que se haga cargo.	Te libera del estrés de tener que solucionarlo tú. Hay cosas que no dependen de ti, confía en que el poder superior se hará cargo; libérate, suelta y deja que fluya la energía de la creación. Es saludable para ti y los demás.	Estoy dispuesto a tomar distancia de mis preocupaciones para que el Universo se haga cargo; que haga y deshaga lo pertinente para que eso ocurra.

Tratar a los demás y a mí mismo con amor.	El amor es una energía muy poderosa; cuando hacemos las cosas con amor verdadero es más fácil que salgan bien, que los demás colaboren y no te cansarás al hacerlas.	Estoy dispuesto a tratarme a mí mismo con amor, para ello trataré a los demás con amor. Sólo así podré ser amoroso conmigo mismo.
Estar en coherencia.	Cuando estás en coherencia, la mente y el corazón están en sintonía. Esto es muy poderoso: en este estado todo fluye con facilidad y felicidad.	Estoy dispuesto a dejar de aferrarme a mis creencias, a escuchar mi corazón y a poner a mi mente al servicio del corazón y del amor. Dejo que el Universo se haga cargo.

Ejercicio 6

El trabajo para desarrollar y practicar la espiritualidad

Escribe en el cuadro siguiente los aspectos de la espiritualidad que te cuestan más trabajo: meditación, perdón, conexión con la totalidad, entregar los problemas a un ser superior, tratar a los demás y a ti mismo con amor. A la derecha escribe tu nueva pauta mental que estás dispuesto a implementar.

ASPECTO DIFICIL DE LA ESPIRITUALIDAD	DESCRIBE	NUEVA PAUTA MENTAL
Meditación.		
Entregar los problemas a un ser superior.		
Perdón.		
Tratar al prójimo y a ti mismo con amor.		
Reconocer la propia confusión ante la vida.		
Aceptar el trabajo que tienes como oportunidad de servir a los demás.		
Aceptar y amar la familia con la que vives y de la cual formas parte.		

Resentimiento

Verónica es una mujer de 42 años que fue abandonada por su esposo hace diez años. Se fue dejándola con tres hijos y nunca regresó. Ella tuvo que arreglárselas sola para la crianza y los gastos. Actualmente su hijo de nueve años presenta un severo retraso escolar, por lo que el niño recibe apoyo de educación especial para cursar la educación básica regular; ella se siente muy molesta con el exesposo que la abandonó y sigue viviendo sola con sus hijos. Cuando se acuerda de su expareja se siente muy enojada y le parece que esa emoción bloquea la abundancia en su vida, pero no sabe qué hacer para liberarse del rencor.

¿Qué papel juega el rencor en la vida de Verónica? Tal vez el resentimiento sea una forma de autocastigarse por no poder retener su pareja a su lado; al no perdonar a su expareja se está quedando sin la oportunidad de abrirse al presente y darse permiso de disfrutar la vida. Puede ser que esa situación de estancamiento y carencia afecte otros aspectos de la vida de la familia. ¿Para qué torturarse durante tantos años con el resentimiento?

Quizás Verónica no quiere darse ese regalo por no creerse merecedora de una vida libre, sana y feliz; tal vez sienta que ha fallado y no se permite el perdón, la libertad y la felicidad.

Este pequeño relato ilustra el ejemplo de cómo a veces no sabemos liberar el resentimiento: la disposición para hacerlo podría ser el comienzo. Todo es empezar, la intención sabe cómo hacer las cosas, pero hay que comenzar por decidirse a cambiar.

Ejercicio 7

El perdón

Escribe las situaciones o personas que más te cuesta perdonar.

SITUACIÓN O PERSONA QUE SE TE DIFICULTA PERDONAR	DESCRIBE	NUEVA PAUTA MENTAL

¿Cuántas cosas, personas o situaciones reconociste como difíciles de perdonar? ¿Sabías que el primer beneficiado del perdón es el que perdona? Cuando una persona se libera del resentimiento empieza un proceso de libertad que afecta positivamente su vida: se permite alegrarse de vivir, puede respirar con más plenitud, la comida es más sabrosa y el contacto con uno mismo y las demás personas es más placentero.

Ejercicio 8

Lo positivo de la espiritualidad

Escribe las cosas positivas de la espiritualidad que ya manejas.

ASPECTO DE LA ESPIRITUALIDAD QUE PRACTICAS	DESCRÍBELO
Ejemplo: tengo disposición a perdonar y perdonarme.	Ejemplo: cuando me siento tentado a juzgar una situación o una persona me recuerdo que es una ilusión. Pido perdón por mi juicio y también poder verlo de otra manera.

Ejercicio 9

Identifica fortalezas y debilidades para diseñar un plan de trabajo partiendo de tu espiritualidad

Anota en el cuadro las fortalezas detectadas en los ejercicios previos y como las vas a utilizar para tu autoconocimiento paz interior, tomando en cuenta tu propia valoración en cuanto a la dimensión espiritual.

FORTALEZAS	COMO LAS APROVECHARÉ PARA EL AUTOCONOCIMIENTO PERSONAL Y LA PAZ INTERIOR
Ejemplo: estoy dispuesto a entregar lo que considero mis problemas a un poder superior.	Ejemplo: diariamente recordaré no hacer planes para no interferir con la inteligencia superior. Estaré dispuesto a escuchar a esa inteligencia: sabré que es ella quien habla por la paz y certeza que me dará lo que decida hacer.

Anota en el cuadro las áreas de oportunidad detectadas en los ejercicios previos y cómo las vas a trabajar para tu autoconocimiento y paz interior. Toma en cuenta tu propia valoración en cuanto a la dimensión espiritual.

ÁREAS DE OPORTUNIDAD	COMO LAS TRABAJARÉ PARA EL AUTOCONOCIMIENTO PERSONAL Y LA PAZ INTERIOR
Ejemplo: frecuentemente me siento tentado a juzgar las situaciones y a las personas. Acepto que cuando juzgo algo como esto malo me provoca daño en mi cuerpo.	Ejemplo: estoy dispuesto a perdonarme por mis errores en la percepción de la realidad y también a aceptar lo que ocurre en mi vida como algo que yo mismo he creado. Pondré esta situación en manos del poder superior para que se encargue de ello.

Resumen

La espiritualidad es una parte muy importante de la vida, espero que los ejercicios planteados hayan sido de utilidad para que ubicaras tus fortalezas y debilidades en este aspecto. También espero que encuentres razones válidas para retomar o iniciar una vida más espiritual.

Lo más importante es la decisión de comenzar a perdonar. Los resentimientos sólo te atan al pasado, es como si bebieras veneno esperando que muera la persona con la cual estás molesto, el problema es que el veneno afecta a quien lo bebe. Quizás el resentimiento no es un veneno, pero sí es una condición de estado anímico y de actitud que ocasiona la liberación de hormonas del estrés e inhibe las hormonas de la felicidad, provocando un efecto tóxico en él cuerpo que puede provocarte una enfermedad.

Es inevitable que la salud se dañe por la tensión constante, por eso es importante la espiritualidad, que nos da paz, bienestar y tranquilidad, la cual nos enseña que debemos ser tolerantes, amorosos y comprensivos con nuestros hermanos y, por supuesto, con nosotros mismos.

Espiritualidad no significa aceptar las cosas injustas por resignación, implica aceptar que algunas personas actúan de cierta manera que no nos parece correcta por su nivel de consciencia; en esos casos hay que actuar desde el amor pero sin envenenar nuestro propio cuerpo con el resentimiento, o sin hacer de la situación un campo de batalla. Hay que recordar que al darle atención a la ilusión la fortaleces. Es preferible mirar en nuestro interior cuando algo nos molesta, probablemente estemos proyectando en esa persona o situación un conflicto inconsciente no resuelto en nuestra vida.

En ese sentido yace la riqueza de la espiritualidad: nos permite encontrarnos a nosotros mismos conduciéndonos por un sendero del autoconocimiento, descubriendo cosas de nuestra mente que estaban en la oscuridad inconsciente, que pierden su poder al traerlas a la luz.

Sugerencias:

Acepta que la mente tiene muchas fallas y es poco confiable. En cualquier tema que analices siempre hay información contradictoria. La mente se altera en su funcionamiento por las emociones intensas, y las emociones son alteradas por las creencias, las cuales vienen de la ilusión y la programación que recibimos. Esto les quita certeza y confiabilidad; por lo tanto, hay que estar dispuestos a desaprender y probar nuevas formas de ver y entender la realidad.

Acepta la confusión y acógela. Es bueno reconocer los argumentos a favor y en contra de una idea, eso te hace intelectual, pero el intelecto tiene límites ante la falta de pruebas de las diferentes hipótesis que se contradicen entre sí y el constante ruido mental. Hay que reconocer que muchas de las preguntas importantes en la actualidad no las puedes responder con seguridad: es mucho lo que desconoces. Acoge la incertidumbre y permite que la fuerza de la vida te guie para llevarte de la oscuridad a la luz de la sabiduría y la paz interior.

Evita sentirte especial. El sentirte especial provoca el efecto negativo de compararse con los demás. Puedes sentirte muy bien cuando creas que estás mejor que alguien que observas con menos talentos o recursos que tú, pero cuando ves a alguien que crees superior a ti te sientes inferior y desmerecedor. Sentirte especial puede llevarte a la depresión o a inflar el ego con presunción y falsa superioridad. Esta práctica te mantiene en la ilusión de la separación y del conflicto.

Preguntas y respuestas

¿Si es verdad que existe el espíritu en dónde está? ¿Qué pruebas hay de su existencia?

Existen reportes escritos de la doctora Elisabeth Kübler-Ross —quien trabajó durante varios años con enfermos terminales y sus familias para acompañarlos en el proceso de despedida hacia la muerte— sobre algunas personas cuyos signos vitales se detenían por varios minutos y luego regresaban por resucitación, ellos contaban sobre experiencias donde se desprendían de sus cuerpos. Algunos tenían alguna discapacidad y al momento de la experiencia cercana a la muerte reportaron visitar diferentes áreas del hospital, al regresar hablaron de cosas que percibían, las cuales no tenían explicación lógica tomando en cuenta que estaban inconscientes y la discapacidad que tenían.

Deepak Chopra, para responder donde está el espíritu, dijo que probablemente es como en la radio: una persona sintoniza una estación y se escucha voz o música, pero ese sonido no se origina en el aparato de radio, sino que viene de una estación transmisora que está bastante lejos del aparato receptor; él dice que algo así es el espíritu, probablemente esté en algún lugar fuera del cuerpo. Sin embargo, esto sólo son conjeturas, en realidad no existe evidencia de dónde está.

La espiritualidad requiere el perdón, ¿qué pasa si alguien no puede perdonar algo? ¿No tiene espíritu por eso?

Existen personas que están muy lastimadas emocionalmente por historias de vida muy difíciles, lo que hace que no deseen perdonar; en algunos casos sí lo quieren hacer, pero creen no saber cómo. La falta de perdón no les hace perder lo espiritual, esto es algo propio de los seres humanos, lo deseemos o no. Los resentimientos no te quitan el espíritu, nada te lo puede quitar, es algo que pertenece a los humanos. Toda persona es impecable y espiritual en su interior, pero existe la libertad para actuar como se considere conveniente; si alguien no quiere perdonar ejerce su libertad, pero en su interior conserva su espiritualidad. Ésta no requiere ser aceptada, se posee por origen; no obstante, a veces las ilusiones de este mundo parecen tan reales que influyen fuertemente en la forma en que algunas personas alejadas de la espiritualidad se consideran a sí mismas, pero esa creencia no les quita la impecabilidad espiritual.

Existen personas que asesinan o que hacen otros tipos de maldades, ¿ellos también tienen espíritu? ¿No lo pierden por su maldad?

El espíritu es algo inherente al ser humano, no se pierde por actuar destructivamente contra otras personas, el espíritu es algo que no termina con la muerte del cuerpo. Al respecto dice Alejandro Jodorowsky: "era algo antes de nacer, seré algo después de morir". La espiritualidad es una posibilidad para cualquier persona, siempre y cuando esté dispuesta a reconocerlo. Uno de los primeros pasos es el perdón y el reconocimiento de que toda persona es parte del proyecto del Universo, eso lo convierte en hermano de toda persona porque implica la creencia de que la humanidad es una, que cada persona contiene al todo y el todo contiene a cada persona.

¿En esencia todos somos iguales? ¿Cómo es posible que nos portemos tan diferente los virtuosos y los malvados, los inteligentes y los tontos, los trabajadores y los perezosos? ¿Todos somos lo mismo?

Esto es posible por las diferentes condiciones en que nacen y viven las personas; cuando no existen modelos de comportamiento con los valores básicos y oportunidades de desarrollo personal es natural que haya personas que al crecer en estas condiciones pierdan el rumbo de la espiritualidad por la cantidad de heridas emocionales sin sanar; esto aunado a la falta de una guía adecuada. En su interior siguen conservando su espiritualidad, eso no se puede perder, es algo con lo que se nace.

No me parece correcto esta creencia y afirmación, me parece que los delincuentes y personas que hacen daño a la sociedad no deberían ser consideradas iguales a los que aportan actos positivos a la sociedad. ¿Qué sentido tiene entonces el esfuerzo por ser mejor, si esto no te hace ejemplar en lo espiritual? ¿No le parece contradictorio y desmotivador?

Lo que dices es muy interesante; sí, todos somos iguales en lo espiritual, nadie puede ser mejor que otro, eso puede ser considerado negativo, contradictorio y desalentador. Si la persona se porta bien por ganar un lugar en el cielo, pero no lo hace desde el amor, entonces no es tan diferente al que actúa mal; hacer las cosas esperando una recompensa de algún tipo no es algo que se deba reconocer como positivo, porque si no existiese dicha recompensa la conducta positiva desaparecería. Cuando alguien reconoce la necesidad de apoyar a cualquier persona que lo requiera por amor, entonces se logra una espiritualidad auténtica, puesto que se hace porque es necesario para ayudar a llevar a otra persona a lo que necesita para realizarse como ser humano pleno. Puede ser que exista contradicción en esta afirmación, pero todo lo humano es necesariamente contradictorio, en eso consiste la ilusión del conocimiento y la creencia en la expulsión del paraíso; así que la espiritualidad no tendría por qué ser la excepción, pero esto no significa que debe ser motivo para perder el empuje para lograrlo, al contrario, es una motivación para ayudar a otros a reencontrar su espiritualidad y bondad interior porque al hacerlo el que ayuda encuentra su ser.

En la película *Chocolate*, una madre y su hija de aproximadamente nueve años llegan a vivir a un pequeño pueblo francés de mediados del siglo XX; esa mujer se dedica a la preparación y venta de chocolate, pero llega al pueblo en época de cuaresma. La comunidad es católica y tiene un guardián que cuida que se cumpla el ayuno y la alimentación austera por todos en el pueblo; para ello, esta persona le prohíbe a los feligreses comprar los productos de la nueva vecina por considerarlos pecaminosos. Él, como severo promotor del ayuno, no se permite comer cosas deliciosas, paradójicamente esa misma resistencia fortalece su deseo, y en un momento de debilidad entra a la tienda furtivamente durante la noche a darse un atracón de chocolate. Esto provoca un sentimiento de humillación y pesar en el personaje por caer en tentación. Al final la película termina con la siguiente frase, dicha por el sacerdote del pueblo en el sermón del domingo: "Lo que nos define como virtuosos no se determina por las tentaciones que somos capaces de resistir y rechazar, sino por aquellas tentaciones que somos capaces de integrar, aceptar comprender y amar en nosotros y nuestros hermanos", un bello mensaje que nos recuerda la importancia de integrar la sombra.

Conclusiones

Uno de los principales aspectos desconocidos del hombre es el espíritu. Por miles de años se ha especulado sobre él y diferentes culturas alrededor del mundo lo han intentado describir. Los indígenas de América tienen un pasado y presente rico en este sentido; tienen un fuerte desarrollo espiritual como cultura, lo que les permite vivir con una actitud de desapego ante las cosas materiales. Conforme el hombre fue avanzando en su tiempo sobre la tierra han surgido diferentes ideas y creencias al respecto.

Durante los años posteriores a la segunda guerra mundial el mundo entró en crisis, el miedo al exterminio por la bomba atómica era un peligro real y los países involucrados estaban en un proceso de reconstrucción después del conflicto bélico internacional de mediados del siglo XX. En todo el mundo, pero principalmente en los Estados Unidos durante los años sesenta, el movimiento hippie popularizó el tema del amor como una necesidad de la sociedad, que entonces estaba generando cambios muy importantes: la revolución sexual, la guerra fría, el alto consumo de drogas, los conflictos por dominar los mercados internacionales y la promoción del libre mercado eliminando las barreras comerciales y los aranceles. Ese movimiento terminó desacreditado por los medios de comunicación, los gobiernos capitalistas más liberales y las organizaciones religiosas fundamentalistas, convirtiendo al movimiento hippie en perseguidos; considerados como parásitos sociales, drogadictos e irresponsables que predicaban el amor sin consecuencias y sin apegos, el cual era incomprendido entonces. Actualmente esa incomprensión permanece, pero existe una disposición y aceptación de que debe haber un cambio en el mundo. El amor sigue vigente como necesidad para los humanos del siglo XXI, es uno de los principios para conectar con la espiritualidad, amar a nuestro prójimo es amarse a uno mismo; lamentablemente cada vez tiende a ocurrir lo opuesto, pese a la cultura de los derechos humanos y la política inclusiva de la aceptación de la diversidad, los cambios significativos no ocurren desde las leyes, sino desde lo que hacen cotidianamente las personas al vivir, sin necesidad de que el estado los obligue. Esto sucede en los pequeños actos en los que apoyamos a alguien desinteresadamente la muestra de nuestra generosidad y desprendimiento, vivir desde el amor implica amar lo que haces, cuando decides hacer algo pones tu ser en ello, eso generalmente da resultados positivos. ¿Qué se necesita para que el amor entre en nuestras vidas? Únicamente dejarlo entrar desde la totalidad, el intelecto, las emociones y el sexo; hay que expresarlo en la corporalidad, en las relaciones con uno mismo y los demás, así se conecta con el espíritu. Cuando quitamos todo lo que estorba, desde el intelecto, dejamos de racionalizar, tener expectativas y juzgar como bueno o malo lo que ocurre; en cuanto a las emociones, dejamos de tener miedo y empezamos a confiar y abrirnos al presente, y en el sexo nos disponemos a estar en plenitud con nuestra pareja o simplemente aceptando nuestro ser en el aquí y ahora. Así, el espíritu se hace presente en un estado de paz, de equilibrio interior y de gozo, encontrando repentinamente el estado del ser, el cual no se puede definir con palabras, es inefable. Estar dispuesto a conectar con el espíritu es la clave, debemos dejar de hacer lo que hemos hecho hasta hoy, darnos la posibilidad de reinventarnos y de conectar con todo, primero con nosotros mismos, con nuestros seres queridos y extender el rango de conexión al contexto social inmediato y posteriormente al cosmos. Es muy difícil tratar de entender el mundo y la complejidad humana sólo desde el intelecto o de cualquiera de las partes que nos constituyen por separado, las cuales hemos revisado en este libro. Lo espiritual, sobre todo, es complicado y escapa a las definiciones; no se puede comprobar, pero sí se pude sentir cuando hay la disposición para ello. Hay que desapegarse de las creencias y expectativas, al hacerlo se presenta una aceptación que libera al observador de los moldes de las creencias. Estar abierto a la aceptación de lo que ocurra sin expectativas es una sensación de libertad y desapego que gradualmente nos conectará con el espíritu y con la totalidad, con plena confianza en el Universo, en la inteligencia creadora. Aceptar que puede no gustarte lo que ocurre, analizarlo y discernir lo que tiene que ver contigo, sin juicios, te permite percibirlo de diferente manera; eso te permite entrar a la consciencia espiritual.

Conclusiones en frases cortas

- Mi espíritu es mi conexión con la totalidad.

- Yo no estoy aislado, pertenezco y soy parte del Universo.

- Mi espíritu lo encuentro en el amor, el cual no tiene contrario.

- Mi espíritu y mi carne forman parte de mi ser; distinguir adecuadamente las necesidades de uno y otro ayuda a mi paz interior y aceptación.

- Lo que es ilusión cambia constantemente, lo real no lo hace.

- Al creer estoy creando; acepto mi responsabilidad y papel en ello para empezar a hacerlo conscientemente.

"Dirige la mirada a tu interior y a través de la reflexión del pensamiento embellece tu alma. Porque cuando tu alma es reflexiva, se embellece. Pero, cuando uno no piensa, es esclavo de su propio cuerpo".

Plotino

Conclusiones e integración

Con la intención de que el material revisado en este libro aporte algo significativo al autoconocimiento y la paz interior, en este capítulo integrador se retoma Una historia de conducta autodestructiva, que habla sobre Melissa y su hijo, con el propósito de facilitar el proceso mental que permita al lector integrar los contenidos trabajados en cada dimensión y abrir la consciencia para entender la realidad de una manera más completa e integrada. Este caso aparece al principio del capítulo del intelecto porque gran parte de los problemas que existen a nivel individual y como sociedad tienen su origen en la mente inconsciente, la cual se expresa en la realidad de este mundo a través de la cultura machista que prevalece en la crianza actual de la mayoría de las familias mexicanas y de la mayor parte del resto del mundo, particularmente en Latinoamérica. Melissa es una mujer que nació y creció en una familia donde la madre era una persona sumisa en desacuerdo con muchas cosas de su esposo, pero que nunca lo dijo abiertamente ni intentó dialogar con él en igualdad de condiciones como corresponde a dos adultos responsables y capaces, por creer, quizás, que no era lo suficientemente valiosa para ello. Dejó a sus hijos e hijas la idea implícita de aceptación de inferioridad de las mujeres frente a los hombres, de manera que al iniciar su vida de casada, Melissa llevaba esa creencia inconsciente que a los hombres había que aceptarlos y servirlos, que para eso estaban las mujeres. Cuando su hijo fue gestado en su vientre lleno de esta emoción negativa inconsciente, su niño la absorbió e integró, y al nacer y crecer en ese entorno de falta de comunicación y diálogo, aprendió rápidamente a callar sus emociones, a silenciar e ignorar lo que sentía, al igual que sus padres. Esta emoción acumulada durante varias generaciones toma poder sobre su hijo, se volvió más grande y poderosa, llegando a poseerlo; a la vez que trataba de ignorarla o de restarle importancia, esta emoción le gritaba. Entonces empezó a llamar la atención de sus padres y maestros inconscientemente con su conducta problema. Ellos, inmersos en sus respectivos mundos emocionales anestesiados e inconscientes, empezaron a culparlo, a considerarlo un problema, un mal niño. Reflejaron en él sus carencias emocionales en lugar de analizar, comprender y cambiar el contexto familiar y educativo en que vivió sus primeros años: trataron de cambiarlo únicamente a él; este es un problema frecuente. Las personas intentan cambiar a los diferentes y hacerlos que se adapten en vez de buscar la forma de adaptar la familia o escuela para acogerlos a ellos, o mejorar las áreas de oportunidad descubiertas por esas personas especiales. Este intento violento de cambio acentuó el conflicto del niño, el cual, al no obtener la atención que buscaba y necesitaba a los 11 años, usó drogas para anestesiar y olvidar, aunque sea por un momento, esas emociones dolorosas que lo quemaban por dentro. Su adicción fue escalando hasta llegar a la edad adulta, en la que abandonó la escuela y se dedicó a la delincuencia de tiempo completo, un auténtico problema social que convirtió en forma de vida: entrar y salir de prisión constantemente. Al terminar una condena recibía otra al poco tiempo por reincidir, hasta que desafortunadamente murió por sobredosis. A continuación se presenta un breve análisis de la historia desde las diferentes dimensiones para mostrar, a partir del ejemplo, cómo pueden distraer y evitar el desarrollo de la consciencia o apoyarlo, dependiendo del nivel de disposición de quien vea e interprete la situación:

Desde el intelecto Ver desde el intelecto limita la percepción ya que percibes únicamente lo que puedes explicar y entender, pero a veces confundes las causas con las consecuencias. Por ejemplo, Melissa y su esposo creían ver los defectos de su hijo, pero en realidad veían sus propias fallas y culpas inconscientes en la conducta del joven problemático.

Desde la emoción La emoción es capaz de afectar la percepción significativamente, puede hacer que creas ver algo que definitivamente no es correcto, por ejemplo, Melissa y su esposo estaban muy molestos con su hijo que exigía atención y amor con su conducta problemática, pero ellos pensaron que era una mala persona que les estaba dando demasiados problemas. La emoción negativa percibida desde el ego les impidió escuchar el llamado de amor y de búsqueda de atención de su hijo.

Desde la creatividad La posibilidad de ser creativos se limita por la rigidez de pensamiento, miedo y culpa inconsciente, Melissa y su esposo se limitaron a reaccionar desde el miedo. No estuvieron dispuestos a crear una nueva realidad para sí mismos y su hijo, la cual podría venir desde una nueva forma de trascender la vieja información que provenía de los conflictos ancestrales de represión y abuso. Tuvieron la posibilidad de ser maestros en la situación, pero inconscientemente decidieron ser víctimas.

Desde la corporalidad El maltrato del cuerpo por medio de las adicciones que pueden llegar a acabar con la vida es algo extremo que indica una profunda desvalorización. El hijo de Melissa no se permitió vivir los conflictos derivados de la vida familiar de una manera más sana, dejando que su cuerpo expresara esa falta de amor al punto de encontrar la muerte en su misma adicción.

Desde la espiritualidad En esta parte toda persona es impecable y poseedora de la inocencia y pureza, no puedes hacer nada que la afecte. En ocasiones la culpa y el miedo no permiten a ciertas personas llegar a apreciar esta parte en su totalidad, pero el no poder verla no hace que desaparezca, en su interior todo espíritu puede brillar con la pureza que posee naturalmente, ahí está resplandeciendo pacientemente, esperando nuestro regreso a casa del mundo de inconsciencia y de ilusión. La experiencia de Melissa nos enseña que debemos esforzarnos para construir y vivir una espiritualidad más consciente a partir de nuestra experiencia corporal desde el amor y comprensión, para ello se debe dejar de alimentar la ilusión de la percepción y enfocar la atención en lo real, lo verdadero y lo que no cambia. Llegar al autoconocimiento implica que primero deberás hacer consciente la ilusión y reconocerla no para que creas que eso eres tú, sino al contrario, hay que hacerla consciente para que veas que no eres ese pensamiento o suceso. En el caso de Melissa y su hijo, ella, en el intento de liberarse de la culpa que sentía por no poder corregir la adicción de su hijo, lo culpó a él de ser un mal hijo, es decir, aparentemente se liberó de la culpa depositándola en su hijo. Pero nadie es culpable, en realidad ella educó a su hijo de esa manera por los programas que la condicionaron como mujer y como madre, pero esos programas tampoco son culpables, ni tampoco ella; son programas del inconsciente familiar y del inconsciente colectivo, lo cual forma parte de la mente humana inconsciente. Cuando llegas a hacer consciente este punto, te das cuenta de que esos pensamientos no son tu ser sino parte de la ilusión. Para llegar a este punto debes alcanzar la paz interior; desde ese lugar sereno podrás hacer consciente lo inconsciente. Así es como se trasciende la información y se le da un nuevo significado, de esta manera puedes decidir lo que harás después de una situación de una forma diferente; es decir, no la percibes ni la vives desde el ego, esto te da libertad para elegir el lugar que quieres tener en ella, para decidir vivirla como víctima o maestro, si eliges la maestría lo vivirás desde el amor y la comprensión.

Preguntas y respuestas

¿Qué te hace pensar que el problema de muerte por sobredosis del hijo de Melissa es por un problema de violencia de género y no solamente de adicción?

Melissa no expresó muchas cosas que debió guardarse en su interior. Desde niña cuando veía que su padre era abusivo con ellas, por ejemplo, ella y sus hermanas debían mantener la casa limpia y se turnaban para ello. Cuando su papá regresaba a casa por la tarde la casa estaba limpia y él arrojaba basura al piso, sin importarle el esfuerzo de quienes limpiaban, ni la necesidad de inculcar en su familia el valor de la limpieza y el orden; sin tener en cuenta que ese comportamiento molestaba a todos en casa, pero no le decían nada, pues le tenían miedo y no querían provocar su enojo y violencia. Su madre los alentaba a ser sumisos y mantenerse callados para evitar conflictos; así se interiorizó esto en ella, la injusticia y la desvalorización de la mujer. Aprendió que no puede expresar su sentir frente a personas insensibles que no respetan a las mujeres y creen que pueden ser desconsiderados e irrespetuosos y que no se les puede decir nada por ser hombres. Esta represión avalada por su madre, y mantenida por un padre inconsciente —que como macho expresa conductas de supremacía en casa para mantener a las mujeres sumisas con la idea de que les corresponde mantener la casa limpia y callar sus inconformidades—, fueron el origen de la desvalorización e ira que poco a poco creció en su interior. Cuando Melissa fue madre, toda esa ira inconsciente acumulada se volcó sobre sus hijos, ya que al igual que su madre, aprendió que no podía expresar a su esposo su ira. Con su hijo se desquito de muchas de las frustraciones que había guardado durante sus años de infancia, adolescencia, juventud y adultez. Esa falta de oportunidades para que expresara asertivamente sus emociones, aunada a una falta de desarrollo de la consciencia, evitó que tomara la oportunidad de transformar ese malestar en oportunidad para generar opciones más sanas de desarrollo para sí misma, su pareja, sus hijos y para la familia como una totalidad.

¿Son Melissa y su esposo los culpables de la muerte de su hijo?

No, no lo son. El hijo murió por sobredosis cuando ya era adulto, ellos hicieron lo que pudieron para ayudarlo, se concentraron en corregirlo a él, pero no alcanzaron a ver la totalidad del contexto en que ese problema de adicción se generó y se acentuó. Poder ver objetivamente las propias prácticas de crianza negativas es algo difícil, casi nadie está dispuesto a escuchar críticas, sobre todo si hay poca autoestima. En el caso de Melissa, al venir de una familia que no la valoraba por ser mujer, tenía muy arraigada esa creencia de sentirse inferior y eso limitaba su capacidad de escucha, pues automáticamente se defendía culpando a su hijo y se justificaba diciendo que era un problemático y que ella no podía corregirlo. Su esposo vivía la situación como un hombre que al ser criado en igualdad de circunstancias pensaba de forma similar y tampoco pudo reaccionar de una forma más apropiada para enfrentar el problema. Esto de ninguna forma los hace culpables, sólo son dos personas lastimadas por una crianza que no les dio la posibilidad de construir una familia más cálida emocionalmente y que les permitiera brindar la oportunidad de acoger y gestionar el dolor emocional propio de cada uno, de la pareja, del hijo y de la familia como un todo. Este modelo parental es el que hace que el alcohol sea tan consumido, una forma legal e inconsciente de anestesiar las emociones negativas, y una manera temporal de olvidar los complejos que aquejan a la mayoría de los bebedores y sus codependientes.

¿Para qué anestesiar lo que nos puede llevar a superar los grandes complejos que nos sumergen en la apatía, el maltrato y las adicciones?

Quizás ya es tiempo de comenzar a ver con nuevos ojos la realidad que aqueja al individuo y la sociedad actual, que ha mantenido una sociedad desigual que ha llevado al mundo a la condición en que se encuentra actualmente. El propósito de contar y analizar esta historia es intentar ayudar a otros a trascender sus propios conflictos y darles un significado para que no se repita o que se reduzca su frecuencia, porque es muy común que exista adicción en muchas personas. Además, por lo general, en cada familia existe la "oveja negra", que sirve para que las familias liberen los grandes conflictos bloqueados de hace mucho tiempo. Estas personas son un tesoro para las familias si se toman como oportunidad para trascender la información y permitirse decisiones conscientes en relación con los conflictos. Esto se logra llevando la mente a un estado de paz interior para ver con un poco más de claridad.

¿Qué significa poder ver con claridad?

Es común proyectar en los demás las carencias emocionales, así como lo hicieron Melissa, su esposo y también los maestros de escuela básica y media superior, que proyectaron en el joven sus propios conflictos. En las familias y en las escuelas siempre hay cosas que se pueden hacer para educar mejor a los jóvenes provenientes de ambientes desfavorecidos en lo afectivo, social y emocional, pequeños cambios que hagan al niño sentirse un poco más acogido, aceptado y querido. Los jóvenes necesitan particularmente ser vistos como realmente son y ser aceptados por ello, esa es la condición básica para que se esfuercen por adaptarse a los lugares donde deben desenvolverse, pero si la familia y la escuela sólo ven sus proyecciones y no al ser humano necesitado de afecto, amor y comprensión, entonces las cosas se dificultan en exceso y el alumno en cuestión termina renunciando a la educación y a la vida. Ver con claridad significa percibir al ser humano como realmente es, impecable en su interior, con capacidad de aprendizaje y de adaptación, más allá de las etiquetas sociales y las proyecciones del ego; se debe observar desde el corazón, con profundidad y consciencia.

¿Qué podemos aprender de este caso de Melissa y su hijo?

Lo primero a resaltar es la llamada de auxilio de los jóvenes que buscan olvidar las emociones dolorosas que los aquejan mediante las drogas. Ese grito desesperado que normalmente no es escuchado en casa ni en la escuela, ni en la sociedad. Los hombres son víctimas también de la violencia de género, al ser educados en ese ambiente se les enseña de manera inconsciente que deben ser fuertes, no mostrar debilidades, ni permitirse ser vulnerables; por ello cuando sienten ganas de llorar o se sienten tristes a menudo son ridiculizados y se les dice ofensivamente "que parecen niñitas lloronas", como si esto fuese un gran insulto, que de hecho sí lo es en esas culturas. ¿Entonces qué es lo que hace un joven inmaduro emocional? Pues acentúa su comportamiento desadaptado, se mete más en la adicción y hace lo que sea para mantener su vicio, llegando a robar, primero en casa y luego en otros lugares, hasta hacer una carrera criminal y convertirse en un problema social. Esto es la parte negativa de la enseñanza de las prácticas de crianza diferenciada de hombres y mujeres; pero a la vez es la oportunidad de tomar consciencia y determinación para cambiarla por una más positiva y de igualdad de género, dando tanto a hombres y mujeres oportunidades de reconocer, sentir y expresar emociones, lo cual tradicionalmente sólo se permite a las mujeres. Se deben dar oportunidades de diálogo respetuosos sobre estos temas y platicarse abiertamente para que no tengan que ser anestesiados por medio de adicciones que dañan la salud y la vida en sociedad. Algo que también podemos aprender es la importancia de darse a uno mismo la oportunidad de conocerse y sentir las emociones que lo aquejan por dentro, esas cosas que te dan miedo: las preocupaciones, las inseguridades. Hay que reconocerlas, traducirlas a lenguaje y expresarlas, el malestar debe ser escuchado, debe hacerse consciente. Claro que hay cosas que son muy difíciles de hablar, pero al menos hay que hacerlo en el diálogo interno. El inconsciente no distingue entre lo real y la fantasía, de manera que si no puedes atreverte a hablar con alguien puedes comenzar a hablar con él desde un diálogo en tu mente, ese es un buen comienzo para darle forma lingüística al conflicto, para reconstruirlo desde el lenguaje y llevarlo a la consciencia y a la comprensión.

¿Qué hacer para comenzar a tomar consciencia de las prácticas de crianza machistas?

Una buena manera de comenzar es darse un tiempo en familia para dialogar sobre lo vivido durante el día; acordar una hora diaria en que todos los de la familia puedan tener tiempo y disposición para hacerlo, como una forma de vida democrática y de salud mental, tan necesaria en estos tiempos de incertidumbre debido a tanto estrés al que están sometidos todos en la sociedad actual. Dicho diálogo debe ser completamente igualitario, es decir, cada miembro de la familia, independientemente de su género y edad, deberá ser escuchado con atención, respeto y sin interrupción hasta terminar de expresar la idea. Esto permitirá empoderar a las mujeres y a los niños, que tendrán la opción de expresarse libremente con la confianza de que serán escuchados con respeto, lo que brinda da la posibilidad de que aquellas personas que por tanto tiempo se han guardado sus inconformidades las digan libremente sin violencia y sin proyectar en el otro sus conflictos y necesidades. No importa si al principio lo hacen, es parte del proceso de conocimiento propio, un momento de inmadurez que poco a poco se ira superando. Lo importante es comenzar, ya que sobre la práctica se corrigen y clarifican los errores. Una idea que pueden implementar para el respeto de los turnos al hablar es, por ejemplo, la de algunas tribus que acostumbran usar un bastón como señal de que la persona que lo tiene es poseedor del derecho a la palabra en las reuniones y a ser escuchado por el tiempo que necesite. Cuando termina su turno puede pasarlo a otra persona que desee decir algo. Esa puede ser una buena forma de comenzar a empoderar a la familia y saber que cada individuo será escuchado con atención cuando tenga algo importante y significativo que decir, porque cada uno tiene, llegado el momento, algo para compartir. Esto es muy importante porque así aprenden las habilidades discursivas básicas para articular y expresar una idea, a clarificar e integrar la idea con todo tu ser y decirla con la convicción suficiente para saber que deben escucharte. En nuestro país existe una tradición en que a los niños y a las mujeres no se les escucha, entonces el daño que nos hacemos todos es que perdemos la importancia de escuchar y entender lo que esas voces tan poco valoradas tienen que decir, lo cual es muy relevante para el mantenimiento de la cultura de igualdad de género, la paz, el autoconocimiento y la sana convivencia. Esta capacidad de hablar y escuchar es la base de la cultura de respeto y democracia básica para avanzar como seres humanos y como sociedad. Sólo se aprende haciendo, no teorizando. Los valores se aprenden desde el interior, practicando el respeto propio y al prójimo de manera cercana y vivencial, desde edades tempranas en la familia y la escuela.

¿La violencia de género tiene que ver con las adicciones?

Claro, tiene mucho que ver, si todos fuesen escuchados con más atención, y atendidas sus necesidades reales, se reduciría la necesidad de que mostraran conductas inmaduras que los llevan a las drogas o al alcohol. Después de todo, ¿quién querría drogarse o embriagarse si el mundo es tan bello? Si usted comienza a ver con atención se dará cuenta que el mundo es hermoso y no se entenderá la necesidad de las drogas. Las personas necesitan ser vistas y aceptadas como realmente son, no como quieren que sean. Por lo general los padres proyectan en sus hijos algún deseo inconsciente, esto hace que no puedan verlos, ya que los ven desde la proyección, pero no es al hijo al que observan, sólo a sus propias ilusiones. En casa muchas familias tienen a un maestro que enseña cómo observar a las personas y como observarse a uno mismo, ese es el perro. Cuando llega alguien de la familia a casa, el perro lo mira con gusto y alegría, como si mirase a la persona más inteligente e interesante del mundo, sin juzgarlo, y con la frescura y el amor limpio de alguien que tiene un ser inocente, sin una mente que le condicione la percepción. Los perros son grandes maestros sobre la forma de percibir el mundo y las personas, desde una alegría e inocencia hasta la aceptación profunda. Si quiere aprender a ver, aprenda de su perro; éste le mostrará cuanto tenga que aprender: alegría de vivir, disposición al juego, al descanso, no juzgar y aceptación plena del presente.

¿Debo mirar a mis hijos como los mira el perro?

El perro le muestra cómo mirar a los demás desde la aceptación, la inocencia y sin juzgar; para los humanos es algo complicado, pues lo hacemos desde nuestros juicios. Quizás debemos empezar a ver a nuestros hijos desde la aceptación para darles permiso de ser y de vivir más saludables y libres que nosotros. Quizás nuestros padres nos encerraron en un proyecto de vida que no era necesariamente el adecuado para nosotros. Usualmente no observamos a nadie como es, sólo a nuestras proyecciones que nos engañan; los vemos desde la inconsciencia en lugar de percibirlos desde el amor. Podría ser interesante tomar el ejemplo del perro para probar algo diferente, fresco e innovador. ¿Qué tan malo puede ser?

¿Qué puedo hacer para no seguir fomentando la violencia de género?

Bueno, lo principal es la actitud de aceptación, de fluir con el presente, de reconocer plenamente las emociones y pensamientos sin juzgarlos. Recuerda que la inteligencia creadora te puso en el lugar en que estás, en esa condición de vida; así que acéptala, ámala y esa sensación de calma y ausencia de juicio generará las condiciones para que empieces a ver las cosas de otra manera, con los ojos del ser. Ese es el comienzo. La violencia de género es una forma inconsciente de violencia hacia nosotros mismos, de ahí vienen las conductas autodestructivas, como las adicciones. La energía sexual no se reconoce a sí misma como hombre o mujer, es energía, pero nuestro cuerpo de macho o hembra biológicos expresa una polaridad de esa energía. La sociedad impone moldes de conducta a los cuales se exige ajustarse; hay que romper esos moldes; hay que ser lo que se es. Así se eliminan los impulsos de violencia y deseo de destruir viviendo desde el amor.

¿El considerar que la muerte por sobredosis del hijo de Melissa es por violencia de género no es pretender simplificar un problema muy complejo?

Es importante comprender los problemas desde diferentes puntos de vista; también es necesario implementar cambios en la crianza de los hijos, aprender a ofrecer igualdad en las oportunidades tanto de hombre como mujeres y enseñarles a enfrentar los problemas responsablemente. Asuntos como la paternidad y la madurez emocional son aspectos a tomar en cuenta en la crianza positiva; es un hecho que hay que mejorarla, que hay que empoderar a las mujeres para que la crianza de los hijos se fortalezca, para que tanto uno como otro aprendan a tomar parte más activa en su educación y crianza. Esto no debe dejarse únicamente en manos de las mujeres, como si la responsabilidad fuese de ellas solas. Melissa tenía por completo la tarea de encargarse de sus hijos, su esposo no la apoyaba y únicamente se hacía cargo de los gastos, al igual que su padre hacia cuando él era niño. Reconocer la repetición de patrones es parte importante del autoconocimiento, en este caso esto puede verse fácilmente: ambos padres repitieron la falta de diálogo familiar y de crianza compartida.

¿Qué tienen en común las historias que contiene este libro?

En la mayoría de las historias de este libro existe algo de lo que no se habla, que no se ha hecho consciente. Esto viene seguramente de la falta de práctica y oportunidades de dialogar en los diferentes escenarios familiares y educativos; por lo general no se brindan los espacios para el diálogo en estos lugares, donde tanto hombres como mujeres y niños expresen abierta, honesta y libremente sus inquietudes y preocupaciones. Esto provoca que se guarden e interioricen, provocando un dolor emocional intenso que los lleva a las adicciones, a drogas legales o ilegales, con el correspondiente deterioro social, cultural y económico que provoca la pérdida de oportunidades para todos de participar en la construcción de una cultura mentalmente saludable; lo cual es condición para la construcción de una economía más fuerte que genere y brinde oportunidades iguales de desarrollo.

¿Cómo ayuda el reconocer el efecto de la falta de equidad de género en el autoconocimiento y la paz interior?

En el caso de Melissa ella y su esposo culpaban a su hijo de su conducta problema, es decir, proyectaron en él sus conflictos y necesidades. Esto evitó que se reconociera el problema de una mejor manera y que se resolviera favorablemente: el hijo murió por sobredosis y ellos siguieron con sus vidas. Probablemente el problema se manifieste después de manera diferente, pero mientras ellos no entiendan la importancia de una cultura que brinde oportunidad por igual a hombres y mujeres los conflictos seguirán apareciendo con diferente apariencia; la desigualdad seguirá afectando su vida. La igualdad es una condición para la vida pacífica y colaborativa, para la democracia, la responsabilidad y la libertad; es una condición del exterior que ayuda a que ocurra la introspección, porque si alguien se interesa por lo que los demás piensan y sienten, ellos empiezan a tomar consciencia de ello. Esa es la importancia de la cultura de igualdad de oportunidades para hombres y mujeres; tiene beneficios a nivel exterior y, por supuesto, en el interior también. La paz interior se logra cuando se deja de proyectar en los otros, cuando la persona tiene la oportunidad de reconocer y aceptar sus emociones como algo transitorio que lo aqueja en un momento de su vida. Pero que al igual que siempre ocurre, sabe que eso pasará y seguirá en paz, para ello se requiere del poder necesario para tomar la responsabilidad del mundo emocional. Cada persona, independientemente de su género, debe tener la oportunidad de expresar su sentir, así es como se construye una sociedad fuerte, madura y responsable, con el poder de influir y construir un entorno social más integrador y amable.

Conclusiones y sugerencias finales

Cada uno de los aspectos revisados es importante para el autoconocimiento. El intelecto te revela tus creencias, éstas influyen en la forma en que interpretas la realidad y es quizás una de las partes del ser humano más importante en este mundo, ya que permea la percepción. Es el filtro para percibir e interpretar la realidad; cuando estamos en la oscuridad y tenemos miedo es más fácil que distorsionemos lo que vemos. La distorsión en la percepción ocurre naturalmente, es algo aprendido en la mayoría de las culturas y las personas, inclusive llegamos a pensar que no debemos conformarnos con lo que tenemos, que merecemos algo mejor, eso es una de las causas de que vivamos en la ilusión y el conflicto frecuente. El viaje que hemos realizado a través de las dimensiones del ser nos ha permitido ver que no somos lo que creíamos ser; es enriquecedor y estimulante descubrir lo que no eres, cuando lo haces entonces el ser se revela, pero debes quitar lo que obstruye la percepción, y para ello hay que desaprender. ¿Qué tan difícil es cambiar las creencias? ¿Qué se necesita para lograrlo? Si bien una creencia es algo intelectual, también está muy relacionada con las otras dimensiones. Por ejemplo, una creencia profunda de desvalorización por la falta de atención de los padres probablemente afecte a las emociones, que pueden tender a volverse negativas con frecuencia. Es común que con el tiempo una persona con esta condición desarrolle una depresión o una adicción, esto le puede afectar el cuerpo con sobrepeso o delgadez extrema, y al sexo con insatisfacción y falta de seguridad por la inconformidad por el peso y talla, además de falta de confianza con respecto a la sensación de sentirse poco atractivo sexualmente. Esto puede hacer que la persona se aleje de la espiritualidad, lo que provoca que la percepción del problema se haga más grande y real. Cuando enfocamos la atención en lo que creemos que nos falta y proyectamos carencia, ésta se hace más presente y real en la vida, *Un curso de milagros* dice al respecto: "Declara quién eres y reclama tu herencia". El propósito del autor con este libro es apoyar al lector en la búsqueda del autoconocimiento y la paz interior; los ejercicios, las lecturas y las reflexiones pretenden guiarle en esa dirección, no porque espera que encuentre su ser en ellos; sino para que encuentre lo que no es y que deje de vivir engañado con la ilusión de ser quien vive la experiencia, pues ese no es usted. Usted es el observador y algunos místicos dicen que es quien observa al observador, sea uno u otro; eso no es tan importante en este momento. Usted no es quien vive la experiencia, o es el observador o el que observa al observador. Esto le quita lo personal a lo que le ocurre, ¿no es cierto? Así usted puede liberarse del agobio de tomarse la experiencia de vivir tan personal, quizás esto le ayude a tomarse las cosas con calma, serenarse más fácilmente y desapegarse de las cosas y las personas que ha creído poseer todos estos años, las cuales daban sentido a su identidad. El ser pertenece al mundo espiritual, pero necesita de un cuerpo que le permite vivir la experiencia de esta realidad, una especie de avatar de un juego de video el cual tiene necesidades, miedos e inseguridades. Ese cuerpo y su correspondiente contexto expresa el contenido de la mente inconsciente que le dio forma, por eso usted debe entender y reconocer lo que no es, para no seguir alimentando y dando realidad al mundo de la ilusión. Debe trascenderlo para que termine la repetición de experiencias, no porque sean malas, sino porque sólo son ilusión, la prueba de ello es que no hay constancia, sino cambio constante; lo único permanente es la incomodidad generada por las situaciones indeseables, pero eso no es el ser, es la ilusión que le da vida. Esa es la importancia de que haya hecho los ejercicios planteados, para desarrollar la comprensión de su realidad desde el amor, no porque fuera real, sino porque usted creía que lo era y ese malestar lo mantenía encadenado al mundo de la forma, viviendo desde el miedo. Cuando usted vive poseído por la mente del ego y el cuerpo, da realidad a la ilusión del mundo de la forma, en cambio, cuando se enfoca en el espíritu, el ego que fue creado para cuidar del cuerpo y la mente se debilita. Así, quien vive la experiencia desde el desapego logra la conexión con el mundo espiritual y el de la forma. De esta manera se logra comunicación con la inteligencia que todo lo sustenta. Esta comprensión es la base para el autoconocimiento y la paz interior, el fin de la proyección, de los juicios, de la ilusión y el inicio de una vida consciente. ¿Qué le parece este planteamiento? Esta idea quizás le parezca un poco sin sentido, pero si elige vivir de esa manera para comprobarlo estaría muy bien. Si ya realizo lo que este libro le pide ya hizo un amplio recorrido para reconocer lo que no es, ahora le corresponde encontrar lo que es, para ello deje de alimentar a la ilusión, al hacerlo se facilita la comunicación con la totalidad. Ésta le guiará naturalmente en el camino a vivir de una manera consciente, pero se requiere de su disposición, se requiere que diga: "sí quiero vivir de esta manera",

222

permitiéndose observar a quien vive la experiencia u observando al observador, cualquiera de las dos funciona. Así comienza el camino a la conexión con la inteligencia que todo lo sustenta y que lo guiará en el proceso de conexión con el mundo espiritual, con el ser real que es usted. Haga de cuenta que la vida es una película cuyo guion fue escrito hace mucho tiempo, la cual está proyectándose en una pantalla gigantesca tridimensional. Usted puede mirar la película y disfrutar del aprendizaje y sanación que le deja. Recuerde que cada vez que se le da realidad se repiten las situaciones. Por momentos usted puede olvidar que lo que ve es una película; puede enojarse con los villanos o puede recordar lo que realmente es y perdonar la situación con la consciencia de que realmente no hay nada que perdonar, pues todo ocurrió en el mundo del sueño, de la película o de la forma, como prefiera llamarlo. También puede alegrarse de contar con aliados en el sueño, pero debe recordar que es sólo un sueño. Esto le permitirá vivir de una manera más relajada, ¿no es cierto? Perdonar se volverá más fácil. Apegarse a que no es real es aferrarse a la locura, a vivir soñando. ¿Qué sentido tiene hacer todos esos ejercicios y reflexiones si no encontraré el ser en ellos? Cuando el enojo por las emociones vividas en la realidad de este mundo es demasiado intenso, es difícil aceptar la posibilidad de que sea un sueño. Si alguien se lo dice, usted probablemente se molestará mucho. Es necesario darse el tiempo para buscar en las fantasías su ser, para que descubra que ahí no está; si de entrada le dicen que no lo haga y que no pierda el tiempo, probablemente se enojará demasiado. Eso implicaría un error en la percepción, creyendo que algo que esa ilusión es real. La creencia en la ilusión está muy extendida, el mundo vive muy confundido, en una pesadilla de pobreza, marginación, falta de oportunidades y corrupción. La buena noticia es que ese mundo pertenece al nivel de consciencia actual, si cambia quien vive la experiencia y empieza a desapegarse de ella observando al observador, se creará una realidad más acorde a la nueva consciencia; será el fin de los juicios y su vida cambiará radicalmente, porque se vivirá desde la aceptación y desde el amor, no desde el miedo y la proyección. Liberarse de la programación puede llevarte algo de tiempo dependiendo de qué tan arraigada está en usted, lo importante es la decisión y determinación de buscar un cambio en la forma de vivir desde la consciencia, no porque la vida actual que llevamos esté mal, sino porque nos damos cuenta de que podemos disfrutar un poco más nuestro paso por la vida y comenzar un nuevo ciclo. Para ayudarle y guiarle en esa dirección a continuación daré algunas observaciones, sugerencias y recomendaciones para ayudar a que se encuentre así mismo desde la paz y la serenidad. El autoconocimiento y la paz interior son una prioridad para sanar el estilo de vida moderno lleno de prisas y de situaciones estresantes donde abundan los conflictos. Es fácil perderse en las demandas cotidianas cuando no se tiene claridad en delimitar las cosas y situaciones que tienen prioridad, y poder organizar mejor el tiempo y los recursos en la atención de las cosas importantes y dejar de dedicarle tiempo y recursos a lo no esencial. Dentro de lo prioritario están las actividades para mantenerse saludable, alimentarse sanamente, dormir siete u ocho horas diarias de sueño tranquilo y reparador, dedicar tiempo a la convivencia familiar, hacer actividad física para fortalecer el cuerpo, la masa muscular, la capacidad cardiovascular, y, por supuesto, cumplir con los deberes diarios. Todo lo anterior es indispensable para llevar una vida equilibrada y saludable; a veces es muy difícil hacerlo y sólo es posible con una organización meticulosa de los tiempos, para que cada uno de los aspectos mencionados anteriormente pueda llevarse a la práctica. También hay que agregar el elemento de la actitud. Así como cuidas tu alimentación y los demás aspectos esenciales para la salud, se deben evitar los pensamientos negativos, si no los detienes permean la percepción de la realidad, provocando que veas lo que sucede con disgusto o con la creencia de que algo de lo observado debe mejorar. Cuando en realidad deberías aceptar que lo que ocurre es lo mejor que pudiera pasar, porque la situación, así como es, es perfecta para tu presente: es lo que necesitas actualmente para trascender algo importante de tu vida. Es común que la mayoría de las personas tengamos problemas para cumplir con todos los aspectos para una vida saludable, es conveniente empezar por lo posible sin que ello se convierta en una meta en sí mismo, sino una manera nueva de elegir más amistosa contigo mismo. Puedes empezar por eliminar las actividades no esenciales de la agenda diaria, las redes sociales, la televisión, entre otras cosas, que son las que debemos reducir para poder estar tranquilos y que el tiempo alcance un poco mejor. Debemos dejar de lado las creencias limitantes que nos impiden atrevernos a salir de la zona de confort. Es tiempo de extender los límites de lo posible con actitud de confianza en las propias posibilidades y talentos. En evitar manipular a las personas para que hagan lo que nos gustaría, aceptar la diversidad, así como los momentos que vivimos y aprender a aceptarlos como son, ahí radica la paz; la encontramos en el momento en que dejamos los juicios, ya que al hacerlo nos sumergimos y abandonamos a la experiencia, la cual nos sorprende con su frescura ante la falta de expectativa y la sorpresa que la vida y las relaciones traen en sí mismas. Entonces irremediablemente terminamos dándonos cuenta de que la experiencia libre y espontánea es mucho mejor que la que buscábamos en nuestro afán, eso ocurre quizás porque el verdadero obstáculo para que las cosas sean es nuestra intención limitante y controladora. Hay que evitar vivir desde la carencia, esto lo hacemos cuando ponemos la atención en lo que nos falta en vez de valorar lo que tenemos; por ejemplo, cuando alguien sin pareja se enfoca en la necesidad de tenerla en vez de valorar la libertad y la posibilidad de conocer personas, o en este mismo sentido, quien tiene pareja puede pensar que debe esforzarse para que no le abandonen, entonces recurre al sacrificio para mantener la relación. Estos dos casos envían, con sus preocupaciones, un mensaje de carencia al Universo. En cambio, una pareja que vive su relación desde la abundancia se permite disfrutar mutuamente de la compañía, sin el temor del abandono, porque existe la confianza en el Universo de que proveerá la necesario para vivir; hay un gozo por la compañía sin apegos que frenen el desarrollo, libertad e independencia. Cada uno tiene su espacio para desarrollarse y también para la vida en pareja. Uno de los aspectos más difíciles en el autoconocimiento es el miedo: a ser rechazados, a ser heridos, a la compañía, a la soledad. Identifica tus miedos y enfréntalos, es la única manera de vencerlos y que te conozcas con más profundidad. El miedo permea todas las dimensiones del ser de este mundo, excepto el espíritu, que es la única parte que no es tocada por él, porque el miedo no existe para el ser espiritual que sabe en su interior que lo tiene todo y no puede ser dañado por nada ni nadie. La confianza en el ser es necesaria para el autoconocimiento, éste se revela cuando la persona reconoce la ilusión en que ha vivido y empieza a rechazarla. Entonces, al detenerse el ruido mental, el ser comienza a revelarse; es un proceso gradual y para comenzarlo deberás hacer pequeños cambios en la percepción de la realidad, por ejemplo, reconocer que te mantienes en la ilusión cuando culpas a los demás de tus problemas, al creer que eres poco valioso si no cumples con ciertas características como raza, posición social, al reconocer que tienes miedo de no ser aprobado, etcétera. Decidir fortalecer la ilusión te mantiene en el drama, vivir en el ser te permite ser feliz. ¿Cuál elegir? Esa es una elección personal que implica romper con viejos hábitos y creencias que has mantenido por muchos años y comenzar una nueva forma, un nuevo camino que inicia con la confianza en el ser y en el Universo. ¿Estás dispuesto a intentarlo? El mundo es como es, intentar cambiarlo es una tarea demasiado enorme para una sola persona o para un grupo, pero si modificamos nuestra forma de verlo, éste parece cambiar y lo que antes veíamos como algo terrible e injusto pasa a ser una oportunidad de trascenderlo; lo que juzgábamos como malo pasa a ser comprendido, porque nadie puede saber lo que es mejor para otra persona o grupo social, ni siquiera lo que es mejor para sí mismo. Llegar a este punto de humildad es necesario para empezar a corregir los errores de la percepción. La escritura terapéutica es una excelente herramienta para el autoconocimiento y la expresión emocional; ayuda en el proceso de hacer conscientes algunas cosas que hemos ocultado en los primeros años de vida para evitar el sufrimiento y dolor. Sin embargo, para seguir adelante deberás enfrentar los miedos. En ese proceso de reencontrarse, la escritura, junto con la autoindagación, es una aliada que te permite explorar con profundidad las situaciones donde se ocultan los miedos; los mecanismos de defensa aparecen automáticamente para protegerte y evitar enfrentar las situaciones a las que temes, pero al reconocerlos y comprenderlos extiendes la consciencia y le das a las cosas y experiencias un sentido de trascendencia. Las cosas importantes y significativas de este mundo y del espiritual están más allá del miedo, hay que estar dispuestos a enfrentarlo, a extender los límites de la zona de confort gradualmente. Esto se facilita al comprender que lo que somos no puede ser dañado en este mundo, inclusive la muerte es una ilusión porque el espíritu no muere, sólo se transforma. Intentar el autoconocimiento preguntándose ¿quién soy? implica esperar que alguien te responda, la cual es una idea del mundo dual, pero en el espiritual no hay nadie afuera, todo es una sola consciencia. Al formar parte de ella no tiene sentido hacernos esa pregunta, una mejor alternativa es preguntarse: ¿para qué estoy viviendo esta experiencia? ¿Qué debo trascender? Entendiendo por ello la comprensión de ti mismo a través de lo que ves en tu hermano, lo cual es lo que puedes ver. Hacer esto despierta emociones que puedes analizar y comprender, de ahí la importancia de la pregunta alternativa: te permite comprender aspectos inconscientes de tu vida, en vez de estarte peleando con las personas que te rodean, o de deprimirte porque las cosas no resultan como quieres. Libérate de los deseos y se libre; empieza a vivir en plenitud, de esta manera transitas en los mundos material y espiritual con la naturalidad, libertad y flexibilidad de quien conoce y acepta a ambos y sabe aprovechar lo que le muestran las personas que lo rodean, analizando las emociones que le despiertan. Lo que te hace enojar o te incomoda de las personas tiene que ver contigo, entre más intensa la emoción es mayor la importancia de revisar lo que implica para ti. La mejor manera de conocerte a ti mismo es aceptar lo que te rodea con actitud de observador y la certeza de que todo tiene que ver contigo, sin juzgar y sin buscar culpables. Por ejemplo, si estás rodeado de mentirosos pregúntate de qué manera te mientes a ti mismo. Si te sientes solo indaga de qué manera, en qué aspecto de tu vida y para qué ignoras tus necesidades. ¿Por qué no puedes estar a solas contigo mismo? Bendice a las personas que tienes a tu lado, principalmente aquellas que crees que te están perjudicando; agradece que te muestran tus errores de percepción y de esta manera trascenderás y comprenderás tu situación de vida y la de las personas que te acompañan. De manera gradual dejarás de juzgar y de desear que las cosas cambien desde la carencia; claro que puedes querer un cambio, pero primero hay que partir de la aceptación. El aceptar lo que nos rodea no implica que nos resignemos a vivir siempre como estamos, podemos querer mejorar pero no desde la carencia, sino desde la abundancia, que implica confiar en que lo que te sucede es lo mejor en ese momento. Conforme aceptes la realidad de seguro las cosas cambiarán más adelante, no porque estén mal, sino porque nuestro nivel de consciencia se ha ampliado y estamos creando nuestra realidad conscientemente desde la comprensión y desde la paz que sólo da la aceptación y la reconciliación de los opuestos, que en realidad son complementarios.

Al ampliar la consciencia te darás cuenta de que al luchar en contra de algo o alguien inconscientemente lo fortaleces. Las polaridades no pueden existir la una sin la otra, y al intentar atacar una polaridad paradójicamente le das poder, al hacerlo le das realidad, y el ataque es una especie de batería que la alimenta. Las personas con un alto nivel de consciencia entienden que seguirá habiendo cosas que no les gustan, pero las observan desde la comprensión y entienden que todos tienen su historia y valores; la vida es demasiado compleja y debes aceptarla, abrazar e integrar la sombra sin juzgar esa parte del autoconocimiento. Al darle atención a algo lo fortaleces y seguirá apareciendo en tu vida, por ejemplo, si no te gustan las parejas que atraes probablemente seguirás atrayéndolas, porque inconscientemente vibras en esa frecuencia y repites situaciones por la atención que les brindas. Al declarar "no quiero en mi vida a este tipo de personas", el Universo escucha: "quiero en mi vida a este tipo de personas", porque atraes a lo que le prestas atención y donde pones tu corazón. Si vibras en la carencia, eso obtendrás; esto también es parte del autoconocimiento y de la ampliación de la consciencia: comprender que lo que te rodea lo creas inconscientemente. ¡Imagina lo que ocurrirá cuando empieces a crear conscientemente!

Bibliografía complementaria en caso de necesitar información adicional sobre algún tema:

ANTHONY DE MELLO (1988). *Liberación interior.* Grupo Editorial NEISA.

ANTHONY DE MELLO (1990). *Despierta.* Artes Gráficas COFÁS, S.A.

FUNDACION PARA LA PAZ INTERIOR (1976) *Un curso de Milagros.* Grupo Editorial Fundación para la paz interior.

Made in the USA
Middletown, DE
17 January 2022